Caro aluno, bem-vindo aos seus recursos digitais!

A partir de agora, você tem à sua disposição um conjunto de recursos educacionais digitais que complementam seus livros impressos e são desenvolvidos especialmente para auxiliar os seus estudos. Veja abaixo como é fácil e rápido o acesso aos recursos integrantes deste projeto.

Como acessar os recursos digitais da SM:

1 Para ter acesso aos recursos digitais você precisa ser cadastrado no *site* da SM. Para isso, no computador, acesse o endereço <www.edicoessm.com.br>.

2 Clique em "Login/Cadastre-se", depois em "Quero me cadastrar" e siga as instruções.

3 Se você **já possui** um cadastro, digite seu *e-mail* e senha para acessar.

4 Após acessar o *site* da SM, entre na área "Ativar recursos digitais" e insira o código indicado abaixo:

AJCIE-A5J76-74VPT-EFEXX

5 Com seu livro cadastrado em seu perfil, você poderá acessar os recursos digitais usando:

Um computador

Acesse o endereço <www.edicoessm.com.br>. Faça o *login* e clique no botão "Livro digital". Nesta página, você visualizará todos os seus livros cadastrados. Para acessar o livro desejado, basta clicar na sua capa.

Um dispositivo móvel

Instale o aplicativo **SM Tablet** que está disponível de forma gratuita na loja de aplicativos do dispositivo. Para acessar o SM Tablet, utilize o mesmo *login* e a mesma senha do seu perfil do *site* da SM.

Importante! Não se esqueça de sempre cadastrar seus livros da SM em seu perfil. Assim, você garante a visualização dos seus conteúdos, seja no computador, seja no dispositivo móvel. Em caso de dúvida, entre em contato com nosso **Atendimento**, pelo telefone **0800 72 54876** ou pelo *e-mail* **atendimento@grupo-sm.com**.

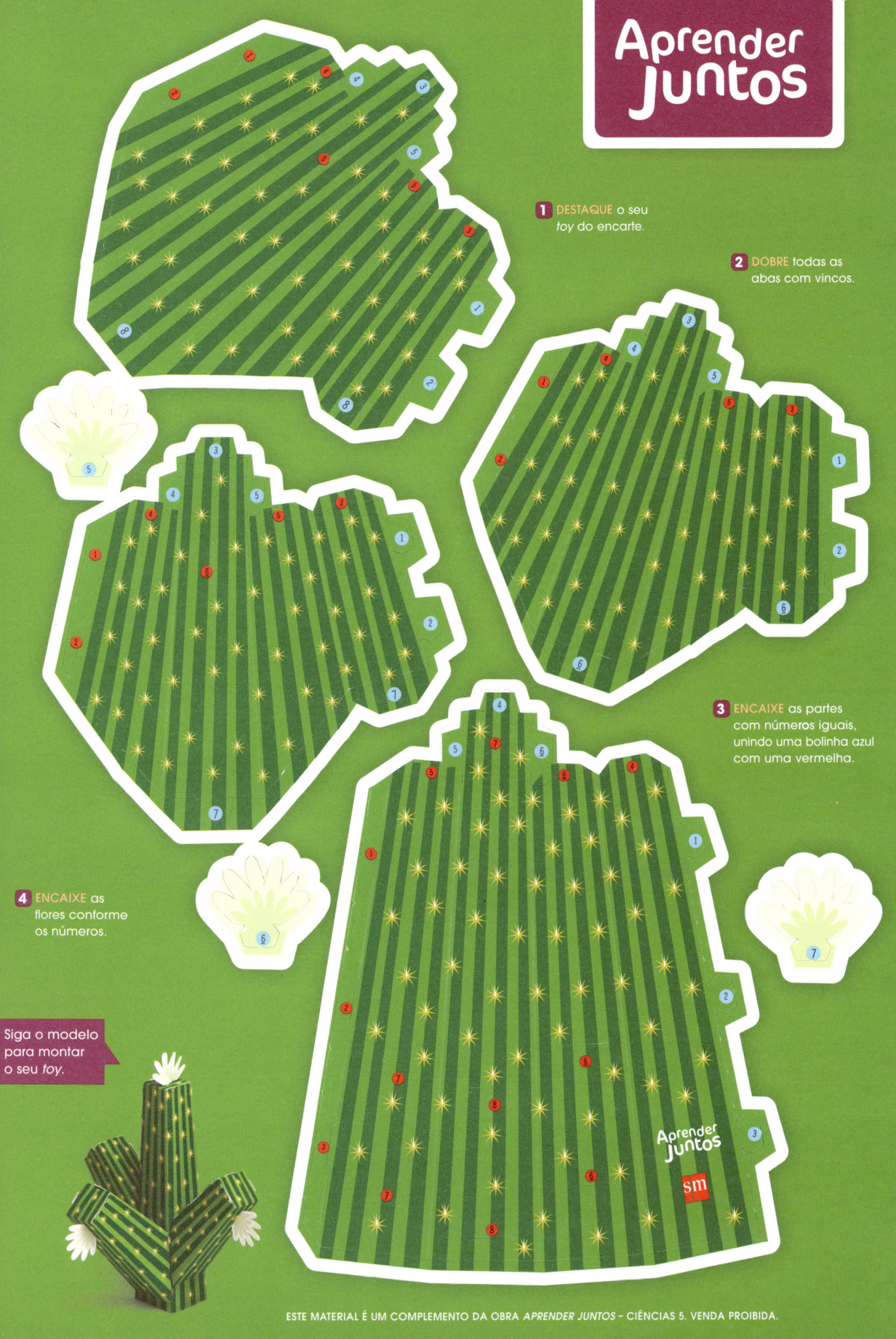

Aprender juntos

CIÊNCIAS

5

ENSINO FUNDAMENTAL
5º ANO

CRISTIANE MOTTA
- Bacharela em Ciências Biológicas pela Universidade de São Paulo (USP).
- Licenciada em Ciências 1º Grau e em Ciências Biológicas pela USP.
- Coordenadora de área e professora de Ciências.

ORGANIZADORA: EDIÇÕES SM
Obra coletiva concebida, desenvolvida e produzida por Edições SM.

São Paulo,
5ª edição
2016

Aprender Juntos – Ciências 5
© Edições SM Ltda.
Todos os direitos reservados

Direção editorial	Juliane Matsubara Barroso
Gerência editorial	José Luiz Carvalho da Cruz
Gerência de *design* e produção	Marisa Iniesta Martin
Edição executiva	Robson Rocha
	Edição: Maria Carolina Checchia da Inês, Sylene Del Carlo, Graziella Bento
	Apoio editorial: Flávia Trindade, Camila Guimarães
Coordenação de controle editorial	Flavia Casellato
	Suporte editorial: Alzira Bertholim, Camila Cunha, Giselle Marangon, Mônica Rocha, Talita Vieira, Silvana Siqueira, Fernanda D'Angelo
Coordenação de revisão	Cláudia Rodrigues do Espírito Santo
	Preparação e revisão: Ana Catarina Nogueira, Eliana Vila Nova, Sâmia Rios, Sandra Fernandes, Valéria Cristina Borsanelli
	Marco Aurélio Feltran (apoio de equipe)
Coordenação de *design*	Rafael Vianna Leal
	Apoio: Didier Dias de Moraes e Debora Barbieri
	***Design*:** Leika Yatsunami, Tiago Stéfano
Coordenação de arte	Ulisses Pires
	Edição executiva de arte: Melissa Steiner
	Edição de arte: Bruna Hashijumie Fava,
	Diagramação: Selma Barbosa Celestino
Coordenação de iconografia	Josiane Laurentino
	Pesquisa iconográfica: Bianca Fanelli, Susan Eiko, Thaisi Lima
	Tratamento de imagem: Marcelo Casaro
Capa	Estúdio Insólito e Rafael Vianna Leal sobre ilustração de Carlo Giovani
Projeto gráfico	Estúdio Insólito
Ilustrações	Al Stefano, AMj Studio, Bruna Ishihara, Cecília Iwashita, Giz de Cera: Tél coelho, Hiroe Sasaki, Marcelo Lopes, Paulo Cesar Pereira
Papertoys	**Ilustração e planificação:** O Silva
	Apoio para orientações pedagógicas: Ana Paula Barranco e Maria Viana
Fabricação	Alexander Maeda
Impressão	Arvato Bertelsmann

Dados Internacionais de Catalogação na Publicação (CIP)
(Câmara Brasileira do Livro, SP, Brasil)

Motta, Cristiane
   Aprender juntos ciências, 5º ano : ensino fundamental / Cristiane Motta ; organizadora Edições SM ; obra coletiva concebida, desenvolvida e produzida por Edições SM ; editor responsável Robson Rocha. – 5. ed. – São Paulo : Edições SM, 2016. – (Aprender juntos)

   Suplementado pelo guia didático.
   Vários ilustradores
   Bibliografia
   ISBN 978-85-418-1437-9 (aluno)
   ISBN 978-85-418-1438-6 (professor)

   1. Ciências (Ensino fundamental) I. Rocha, Robson. II. Título. III. Série.

16-03849   CDD-372.35

Índices para catálogo sistemático:
1. Ciências : Ensino fundamental 372.35

5ª edição, 2016

Edições SM Ltda.
Rua Tenente Lycurgo Lopes da Cruz, 55
Água Branca 05036-120 São Paulo SP Brasil
Tel. 11 2111-7400
edicoessm@grupo-sm.com
www.edicoessm.com.br

Apresentação

Caro aluno,

Este livro foi cuidadosamente pensado para ajudá-lo a construir uma aprendizagem sólida e cheia de significados que lhe sejam úteis não somente hoje, mas também no futuro. Nele, você vai encontrar estímulos para criar, expressar ideias e pensamentos, refletir sobre o que aprende, trocar experiências e conhecimentos.

Os temas, os textos, as imagens e as atividades propostos neste livro oferecem oportunidades para que você se desenvolva como estudante e como cidadão, cultivando valores universais como responsabilidade, respeito, solidariedade, liberdade e justiça.

Acreditamos que é por meio de atitudes positivas e construtivas que se conquistam autonomia e capacidade para tomar decisões acertadas, resolver problemas e superar conflitos.

Esperamos que este material didático contribua para o seu desenvolvimento e para a sua formação.

Bons estudos!

Equipe editorial

Conheça seu livro

Conhecer seu livro didático vai ajudar você a aproveitar melhor as oportunidades de aprendizagem que ele oferece.

Este volume contém quatro unidades, cada uma delas com três capítulos. Veja como cada unidade está organizada.

Abertura da unidade

Grandes imagens iniciam as unidades. Aproveite para fazer os primeiros contatos com o tema a ser estudado.

Início do capítulo

Essa página marca o início de um novo capítulo. Textos, imagens variadas e atividades vão fazer você pensar e conversar sobre o tema.

Desenvolvimento do assunto

Os textos, as imagens e as atividades dessas páginas permitirão que você compreenda o conteúdo que está sendo apresentado.

Glossário

Ao longo do livro você encontrará uma breve explicação de algumas palavras e expressões que podem não ser usadas no seu dia a dia.

Saiba mais

Conheça outras informações que se relacionam com os assuntos estudados.

Sugestão de site

Você vai encontrar sugestões de *sites* relacionados aos temas estudados.

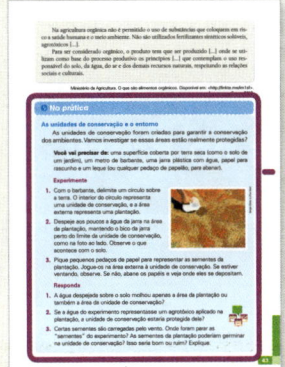

Na prática

Atividades práticas relacionadas ao tema estudado no capítulo. São propostas de fácil execução.

Finalizando o capítulo

As atividades da seção **Agora já sei!** são uma oportunidade para rever os conteúdos do capítulo.

Finalizando a unidade

As atividades práticas propostas na seção **Vamos fazer!** vão ajudar você a entender melhor os assuntos.

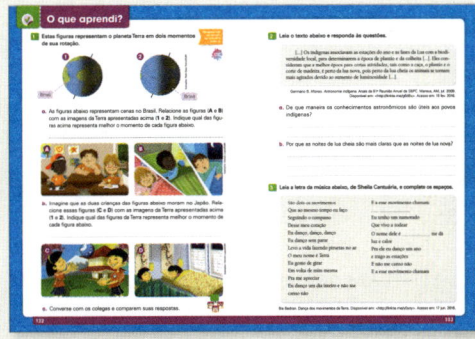

A seção **O que aprendi?** é o momento de verificar o que aprendeu. Dessa forma, você e o professor poderão avaliar como está sua aprendizagem.

Ícones usados no livro

 Atividade em dupla

 Peça ajuda de um adulto.

 Microscópio
Indica as imagens ampliadas com o auxílio de microscópio.

 **Saber ser**
Sinaliza momentos propícios para o professor refletir com a turma sobre questões relacionadas a valores.

 Atividade em grupo

 Cores-
-fantasia

 Escala
Informa os valores médios de comprimento, largura ou altura do ser vivo mostrado na foto.

 **OED**
Indica que há um Objeto Educacional Digital a ser explorado no livro digital.

Atividade oral

 Imagem sem proporção de tamanho entre si.

5

Sumário

UNIDADE 1 — Os ambientes no Brasil

CAPÍTULO 1
Biomas brasileiros I › 10

- **Mata Atlântica › 11**
  - Seres vivos na Mata Atlântica › 12
  - Ameaças à Mata Atlântica › 12
  - Conservação da Mata Atlântica › 13
  - Manguezal › 14
  - Floresta de araucária › 15
- **Floresta Amazônica › 16**
  - A vegetação da floresta Amazônica › 17
  - Os animais da floresta Amazônica › 18
  - Ameaças à floresta Amazônica › 19
- **Agora já sei! › 20**

CAPÍTULO 2
Biomas brasileiros II › 22

- **Caatinga › 23**
- **Cerrado › 24**
- **Pantanal › 26**
- **Campos › 28**
- **Preservando os ambientes › 29**
- **Agora já sei! › 32**

CAPÍTULO 3
Ambiente e atividade agrícola › 34

- **Desgaste do solo › 35**
  - Erosão › 35
  - Destruição da mata ciliar e mata de galeria › 36
  - Queimadas › 36
- **O solo e o cultivo de plantas › 38**
  - Prevenção da erosão › 38
  - Irrigação e drenagem › 39
  - Adubação › 40
- **Pragas e o uso de agrotóxicos › 42**
  - Na prática: As unidades de conservação e o entorno, 43
- **Agora já sei! › 44**

VAMOS FAZER!
Álbum dos biomas › 46

O QUE APRENDI? › 48

UNIDADE 2 — Energia

CAPÍTULO 1
Energia no dia a dia › 52

- **Formas de energia › 53**
  - Transformações de energia › 54
- **Energia luminosa › 56**
  - A luz do Sol › 56
  - A luz artificial › 56
  - Luz e visão › 57
- **A luz e as sombras › 60**
- **Agora já sei! › 62**

CAPÍTULO 2
Calor › 64

- **Energia térmica e calor › 65**
  - Fontes de calor › 66
- **Efeitos do calor › 68**
  - Variação de temperatura › 68
  - Mudança de estado físico › 68
  - Dilatação térmica › 69
- **Materiais condutores de calor › 70**
  - Na prática: Descongelando cubos de gelo, 73
- **Agora já sei! › 74**

CAPÍTULO 3
Eletricidade e magnetismo › 76

- **De onde vem a energia elétrica? › 77**
  - Usinas hidrelétricas › 77
  - Fontes alternativas de energia › 78
  - Pilhas e baterias › 78
  - Relâmpagos › 79
- **A energia elétrica no dia a dia › 80**
  - Materiais condutores de eletricidade › 80
  - Cuidados com a energia elétrica › 81
  - Economia de energia elétrica › 82
- **Magnetismo › 84**
  - Polos magnéticos › 84
- **Agora já sei! › 86**

VAMOS FAZER!
Teatro de sombras › 88
Observando o magnetismo › 89

O QUE APRENDI? › 90

UNIDADE 3 — Universo

CAPÍTULO 1
Além da Terra › 94

- O céu › 95
  Astros que produzem luz › 95
  Astros que não produzem luz › 96
- O Sistema Solar › 98
  Os planetas do Sistema Solar › 100
- A Lua › 102
  Luar › 102
  Superfície da Lua › 102
- **Na prática:** Por que a Lua brilha, 103
- Agora já sei! › 104

CAPÍTULO 2
Terra, Sol e Lua › 106

- A Terra se move › 107
  Dias e noites › 107
  Sombras ao longo do dia › 109
- O movimento de translação e o ano › 111
  As estações do ano › 112
- O movimento da Lua › 114
  As fases da Lua › 115
- Agora já sei! › 116

CAPÍTULO 3
O ser humano e o espaço sideral › 118

- Instrumentos de observação › 119
  A luneta de Galileu › 119
  Novos instrumentos › 120
- Um pouco de história › 122
  Aristóteles: a Terra como centro do Universo › 122
  Copérnico e Galileu: o Sol como centro do Universo › 122
- Viagens espaciais › 124
  Viagem à Lua › 124
  Equipamentos espaciais › 125
- Agora já sei! › 128

VAMOS FAZER!
Observando as sombras › 130

O QUE APRENDI? › 132

UNIDADE 4 — Ser humano e saúde

CAPÍTULO 1
Cuidando bem de si › 136

- O esqueleto humano › 137
  Funções do esqueleto › 138
  Cuidados com os ossos › 138
- Mover o corpo › 140
  Articulações › 140
- **Na prática:** Respirar profundamente, 141
  Músculos › 142
- A transmissão de doenças › 144
  Prevenção de doenças › 144
  Vacinação › 145
- Agora já sei! › 146

CAPÍTULO 2
Transformações no corpo e reprodução › 148

- As fases da vida › 149
  Período de muitas transformações › 150
- A reprodução › 152
  O sistema genital dos homens › 152
  O sistema genital das mulheres › 153
  Relação sexual e fecundação › 154
- A gravidez e o nascimento › 156
  O nascimento › 157
- Agora já sei! › 158

CAPÍTULO 3
Sistema nervoso › 160

- Integração dos sistemas do corpo › 161
  Partes do sistema nervoso › 162
  Encéfalo, medula e nervos atuam em conjunto › 163
- Funcionamento do sistema nervoso › 164
  Reflexos › 164
- Proteção para o sistema nervoso › 166
  Cuidados com o encéfalo e a medula espinal › 166
  Quando as informações não chegam › 167
- Agora já sei! › 168

VAMOS FAZER!
Um dedo imobilizado › 170

O QUE APRENDI? › 172

SUGESTÕES DE LEITURA › 174

BIBLIOGRAFIA › 176

UNIDADE 1

Os ambientes no Brasil

O território brasileiro é muito extenso, com regiões bem diversificadas. Em cada uma delas existe grande variedade de seres vivos que dependem uns dos outros e das condições do ambiente para sobreviver.

- Observe a representação dos dois ambientes ao lado. Quais são as diferenças entre eles?

- Muitos seres que vivem em um dos ambientes não são capazes de viver no outro. Monte o *toy* que está no início do livro, analise suas características e selecione um local das figuras onde ele poderia viver. Justifique sua escolha.

- Em sua opinião, desmatamentos e queimadas podem ser prejudiciais a esses ambientes e aos seres que vivem nele? Por quê?

- Ao visitar locais como esses, as pessoas devem obedecer a algumas recomendações, como jogar o lixo no lugar certo. Que outras orientações poderiam ser dadas aos visitantes?

CAPÍTULO 1 — Biomas brasileiros I

Você já deve ter ouvido falar de algum bioma brasileiro, como a floresta Amazônica, no Norte, ou os Campos, no Sul. Um **bioma** é formado por ecossistemas e se caracteriza, principalmente, pela vegetação e pelo clima que apresenta.

Fonte de pesquisa: IBGE. *Meu 1º atlas*. Rio de Janeiro, 2012. p. 120. Disponível em: <http://linkte.me/p1uv5>. Acesso em: 22 fev. 2016.

1 Localize no mapa o estado onde você mora. Que tipo de bioma existe nesse estado? _____

2 Qual dos biomas brasileiros ocupa a maior área do território nacional? O que você sabe sobre ele?

_____

3 Em sua opinião, que modificações já ocorreram nessas áreas?

Mata Atlântica

A **Mata Atlântica** é uma floresta tropical, isto é, está localizada entre os trópicos do planeta. No passado, essa floresta ocupava uma grande área do litoral brasileiro, que é banhado pelo oceano Atlântico, e por isso ela foi chamada de Mata Atlântica.

Algumas de suas características são o clima úmido e chuvoso e a presença de muitas cachoeiras e nascentes de rios.

As **copas** das árvores ficam bem próximas umas das outras e formam uma grande cobertura. Em certas regiões, a Mata Atlântica recobre montanhas próximas ao litoral.

Copa: parte superior das árvores formada por ramos e folhas.

As copas das árvores da Mata Atlântica ficam próximas umas das outras, como ocorre na Ilha Grande, em Angra dos Reis, RJ. Foto de 2014.

Localização da Mata Atlântica.

Fonte de pesquisa: IBGE. *Meu 1º atlas*. Rio de Janeiro: IBGE, 2012. p. 120.

Cachoeira em região de Mata Atlântica em Cunha, SP. Foto de 2014.

Seres vivos na Mata Atlântica

A Mata Atlântica possui grande variedade de seres vivos. Muitos deles não são capazes de sobreviver em outros biomas, sendo dependentes das condições ambientais específicas da Mata Atlântica.

Existem diversas espécies de árvores, como jequitibás, embaúbas e vários tipos de palmeiras. Sobre troncos e galhos há cipós e plantas **epífitas**.

> **Epífita:** planta que vive apoiada sobre outra planta (geralmente sobre troncos e galhos de árvores), como várias bromélias e orquídeas.

Devido a sua altura, o jequitibá é chamado de gigante da floresta.

Centenas de espécies de mamíferos, aves, anfíbios e outros animais vivem nesse bioma. Alguns exemplos são o mono-carvoeiro, a jaguatirica, o papagaio-de-cara-roxa e a perereca-verde.

O mono-carvoeiro, como estes fotografados em Caratinga, MG (2015), é um macaco que utiliza os braços, as pernas e também a cauda para ir de um galho a outro.

Ameaças à Mata Atlântica

Antes da chegada dos portugueses ao Brasil, a Mata Atlântica ocupava uma faixa que se estendia pelo litoral, desde o estado do Rio Grande do Norte até o estado do Rio Grande do Sul. A região era habitada por povos indígenas que viviam da pesca, da caça e da coleta de frutos e outros produtos da floresta.

Em 1500, os portugueses iniciaram a ocupação do Brasil, começando pelo litoral. A mata original foi sendo cortada e, aos poucos, deu lugar a cidades, pastagens e plantações. Hoje, restam poucas áreas de Mata Atlântica, que, juntas, representam menos de um décimo da área ocupada pela mata original.

Conservação da Mata Atlântica

O desmatamento destrói os ambientes de animais e de plantas e pode provocar a extinção de seres vivos que existem apenas na Mata Atlântica, como o mico-leão-dourado. Atualmente, leis e **organizações não governamentais** procuram proteger áreas desse bioma.

Símbolo da Associação Mico-leão-dourado, uma das organizações não governamentais que atuam na Mata Atlântica.

> **Organização não governamental (ONG):** associação que não é ligada ao governo e que atua, por exemplo, em projetos sociais e ambientais.

Proteger o que restou da Mata Atlântica é importante também para evitar o deslizamento do solo das montanhas e a destruição de nascentes e córregos. Muitas cidades são abastecidas por rios que passam por esse bioma.

1 Observe os mapas abaixo.

Fonte de pesquisa: *Atlas dos remanescentes florestais da Mata Atlântica, período 2010-2011.* Fundação SOS Mata Atlântica/Inpe, 2012.

a. Qual é a principal diferença entre os mapas? O que pode ter provocado essa diferença?

_____

_____

b. Por que é importante conservar o que resta da Mata Atlântica?

_____

_____

■ Manguezal

O manguezal é um ecossistema de regiões costeiras que ocorre em áreas protegidas de oceanos e mares, incluindo algumas regiões de Mata Atlântica.

A água que banha os manguezais é uma mistura da água doce dos rios e da água salgada do mar. O solo é lamacento e com bastante matéria orgânica em decomposição, o que confere ao manguezal um cheiro forte característico.

O guará é uma ave comum nos manguezais brasileiros.

Imagens sem proporção de tamanho entre si.

Os ramos do mangue-vermelho, planta encontrada nos manguezais, ajudam a sustentar essa árvore no solo lamacento em São Francisco do Conde, BA. Foto de 2013.

A vegetação do manguezal não é muito diversificada, ou seja, existem poucas espécies de plantas nesse ambiente. Há arbustos e árvores de pequeno porte, adaptados para sobreviver em solo lodoso, rico em sal e com pouco gás oxigênio disponível.

Entre os animais que vivem no manguezal, existem aves, caranguejos, peixes, mariscos, camarões e muitos seres microscópicos.

Vários animais encontram no manguezal alimento abundante e ambiente adequado para a reprodução. A destruição desse ecossistema, portanto, ameaça a sobrevivência de muitos seres vivos.

O caranguejo guaiamum vive no manguezal.

Floresta de araucária

Na Região Sul do Brasil (correspondente aos estados do Paraná, Santa Catarina e Rio Grande do Sul) existe a floresta de araucária. Nessa área, as estações do ano são bem definidas e a temperatura em geral fica mais baixa durante o inverno.

A presença de muitas árvores chamadas de **araucárias** ou **pinheiros-do-paraná** justifica o nome dessa floresta. No chão crescem samambaiaçus e plantas rasteiras. O pinhão, que é a semente da araucária, é consumido por aves, seres humanos e outros animais.

Atualmente, resta pouco da floresta de araucária. Essa mata foi bastante devastada para a obtenção de madeira usada na fabricação de móveis e na indústria de papel. Parte dela foi transformada em áreas de pasto ou plantações.

Floresta de araucária em Cambará do Sul, RS. Foto de 2012.

2 Faça dupla com um colega e leiam o poema. Vocês vão listar os equipamentos que considerarem importantes em um passeio pela Mata Atlântica e justificar a importância deles.

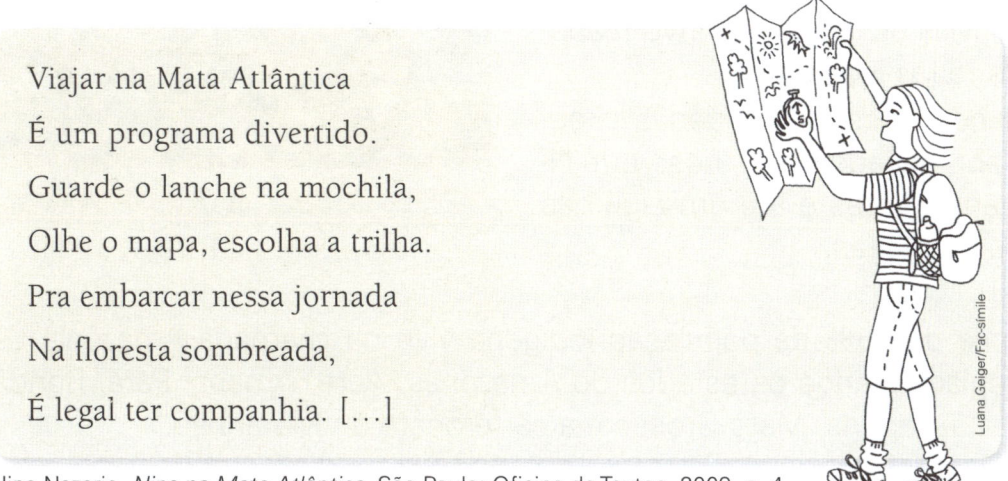

Viajar na Mata Atlântica
É um programa divertido.
Guarde o lanche na mochila,
Olhe o mapa, escolha a trilha.
Pra embarcar nessa jornada
Na floresta sombreada,
É legal ter companhia. [...]

Nina Nazario. *Nina na Mata Atlântica*. São Paulo: Oficina de Textos, 2009. p. 4.

Floresta Amazônica

A **floresta Amazônica** é a maior floresta tropical do mundo. Além do Brasil, ela se estende também por oito países vizinhos.

Como toda floresta tropical, a região da floresta Amazônica é quente e úmida. Ela é cortada por muitos rios, que seguem caminhos tortuosos pela mata.

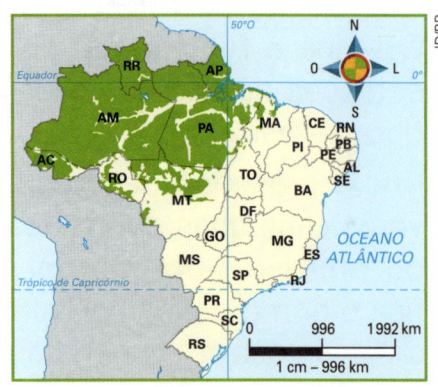

Localização da floresta Amazônica no Brasil.

Fonte de pesquisa: IBGE. *Meu 1º atlas*. Rio de Janeiro: IBGE, 2012. p. 120.

Vista aérea do Parque Indígena do Xingu, na região da floresta Amazônica, MT. Foto de 2012.

➕ SAIBA MAIS

População indígena do Brasil

Você sabia que há povos indígenas em quase todos os cantos do Brasil?

Por aqui, boa parte da população indígena vive em áreas chamadas de Terras Indígenas. Existem hoje 700 Terras Indígenas no país.

[…] Mas os índios não vivem apenas nas terras indígenas.

Há comunidades indígenas circulando por beiradões de rios, em cidades amazônicas e até em algumas capitais brasileiras.

[…]

Cerca de 55% da população indígena vive na chamada Amazônia Legal. Essa região abrange os estados do Amazonas, Acre, Amapá, Pará, Rondônia, Roraima, Tocantins, Mato Grosso e a parte oeste do Maranhão.

Crianças Yawalapiti brincando com borboletas em Gaúcha do Norte, MT. Foto de 2013.

Povos indígenas no Brasil. Disponível em: <http://linkte.me/f99qd>. Acesso em: 23 fev. 2016.

▪ A vegetação da floresta Amazônica

A floresta Amazônica é um dos locais do mundo onde existem mais espécies de seres vivos. Ou seja, esse bioma apresenta alta biodiversidade.

A vegetação é bastante variada: há árvores de diferentes tamanhos, plantas epífitas e aquáticas.

Grande parte das árvores tem folhas o ano todo.

Imagens sem proporção de tamanho entre si.

Existem muitas árvores altas na Amazônia. Ao lado, é possível ver uma criança junto às raízes de uma sumaúma.

Apesar de sustentar uma grande quantidade de árvores altas e muitas outras plantas, o solo da floresta é pouco fértil. Os sais minerais de que as plantas precisam para se desenvolver vêm de folhas e galhos caídos, animais mortos e outros restos de seres vivos que se decompõem rapidamente.

Na floresta Amazônica, as árvores são encontradas tanto nas áreas próximas aos rios como nas áreas mais afastadas deles.

As regiões baixas, próximas aos rios, ficam alagadas o tempo todo. A vegetação desses locais, chamada **mata de igapó**, é composta de árvores (como o taxizeiro e o arapati), arbustos, cipós, plantas epífitas e aquáticas.

Vitórias-régias são plantas aquáticas que ocorrem nas matas de igapó. Na imagem, é possível ver folhas dessa planta.

Nas matas de igapó do rio Amazonas, como esta localizada em Manaus, AM, o transporte pode ser feito de barco.

Certas áreas são alagadas apenas na época das chuvas, quando os rios enchem. Nesses locais estão as **matas de várzea**, formadas por árvores como a seringueira e o pau-mulato.

Nas áreas mais altas, que não são alagadas, cresce a **mata de terra firme**, que ocupa a maior parte da floresta. Nesses locais existem epífitas, cipós e árvores altas, como a castanheira-do-pará e a sumaúma. Como as copas das árvores ficam bem próximas umas das outras, entra pouca luz do Sol nessas áreas da floresta e, por isso, chega pouca luz ao chão.

A castanheira-do-pará é uma árvore alta encontrada na floresta Amazônica. Alta Floresta, MT. Foto de 2014.

▬ Os animais da floresta Amazônica

A floresta Amazônica é habitada por uma enorme diversidade de animais. Há espécies terrestres, como as aves e os macacos, e aquáticas, como os peixes e os botos.

Na floresta também vive um grande número de espécies de borboletas, besouros, formigas, aranhas e outros invertebrados.

Imagens sem proporção de tamanho entre si.

Um dos maiores insetos do mundo, um besouro de cerca de 20 cm de comprimento, é encontrado na floresta Amazônica.

Na floresta Amazônica vivem muitas espécies de macacos e saguis, como o sagui-leãozinho, que mede cerca de 20 cm, incluindo a cauda.

A harpia é uma águia amazônica que pode chegar a 90 cm de comprimento.

O pirarucu, encontrado nos rios da Amazônia, é o maior peixe de água doce do mundo. Ele mede cerca de 2 m de comprimento.

Ameaças à floresta Amazônica

Os seres vivos da floresta Amazônica vêm sendo ameaçados pelo desmatamento, pelas disputas de terras e pela caça e pesca excessivas.

Uma proposta para diminuir os impactos do corte de árvores para extração da madeira é realizar o manejo florestal. Com técnicas de manejo é possível, por exemplo, preservar árvores próximas que acabariam sendo destruídas com a queda das árvores derrubadas para a extração de madeira.

Além disso, incentivar o aproveitamento de outros produtos obtidos da floresta, como frutos, óleos e fibras, em vez de desmatá-la, pode ajudar em sua preservação.

Infelizmente, essas práticas não costumam ser adotadas.

1 Leia o texto abaixo.

> Na região amazônica, é comum o transporte ser realizado pelos rios. As pessoas se locomovem de barco, e as mercadorias, cartas, urnas eleitorais e vacinas também são levadas de barco a muitos locais.
>
> Grandes cidades foram construídas próximas aos rios. Em regiões pouco povoadas, existem palafitas (casas construídas sobre estacas acima do nível da água) e construções flutuantes amarradas à margem de rios. Até mesmo lojas, armazéns e pequenas criações de animais flutuam sobre as águas.

Casas flutuantes no rio Negro, Manaus, AM. Foto de 2012.

Barco de passageiros no rio Solimões, Iranduba, AM. Foto de 2013.

Texto para fins didáticos.

- Em sua opinião, qual é a vantagem de construir palafitas e casas flutuantes à beira do rio?

Agora já sei!

1 Daniel é fotógrafo e viaja muito a trabalho. Observe algumas fotos que ele fez de diferentes regiões do Brasil, para montar um álbum.

- Embaixo de cada foto, escreva o nome do bioma mostrado e crie uma legenda.

2 Leia o texto abaixo.

O pinhão, semente da araucária, serve de alimento para muitos animais, como a gralha-azul.
Parte dos pinhões coletados pela gralha cai no chão. Esses pinhões que não foram comidos podem germinar e dar origem a novas árvores de araucária.

A gralha-azul é uma ave comum na floresta de araucária.

Texto para fins didáticos.

a. A gralha-azul depende da araucária para obter alimento. Como essa ave contribui para a multiplicação das araucárias?

_____

_____

b. O desmatamento de áreas de floresta de araucária pode afetar a gralha-azul? Por quê?

_____

_____

3 Em dupla, observem a foto e o gráfico a seguir. Troquem ideias e respondam às questões.

Área desmatada de floresta Amazônica no Pará. Foto de 2013.

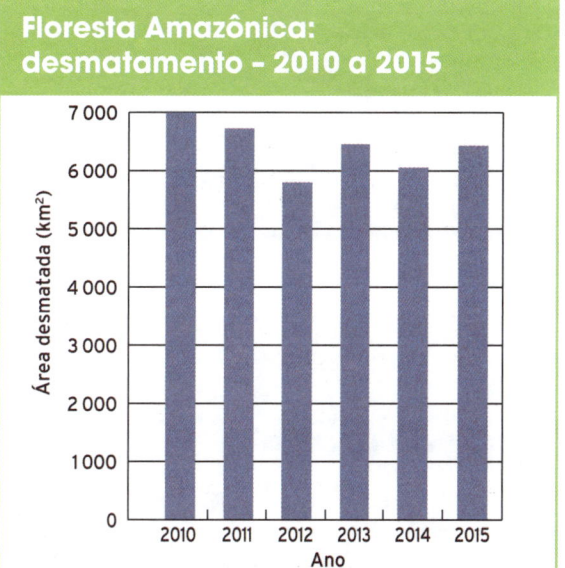

Fonte de pesquisa: Projeto Prodes. Disponível em: <http://linkte.me/u3qi5>. Acesso em 17 jun. 2016.

a. Entre os anos de 2010 e 2015, o que aconteceu com o desmatamento na floresta Amazônica?

_____

_____

b. Que motivos podem ter causado essas variações na taxa de desmatamento?

_____

_____

_____

CAPÍTULO 2 — Biomas brasileiros II

Você estudou as características de dois biomas brasileiros: a Mata Atlântica e a floresta Amazônica. Neste capítulo, você vai conhecer a Caatinga, o Cerrado, o Pantanal e os Campos, outros biomas do nosso país.

Observe as fotos a seguir.

Imagens sem proporção de tamanho entre si.

A

B

C

D

1 Você já visitou lugares parecidos com esses? Converse com os colegas.

2 Algum desses ambientes é parecido com a Mata Atlântica ou com a floresta Amazônica? Qual deles? Que semelhanças você identifica?

_____

_____

Caatinga

A **Caatinga** é um importante bioma da Região Nordeste do Brasil. O clima, em geral, é quente e seco. A estação chuvosa dura alguns meses, não havendo chuva no restante do ano.

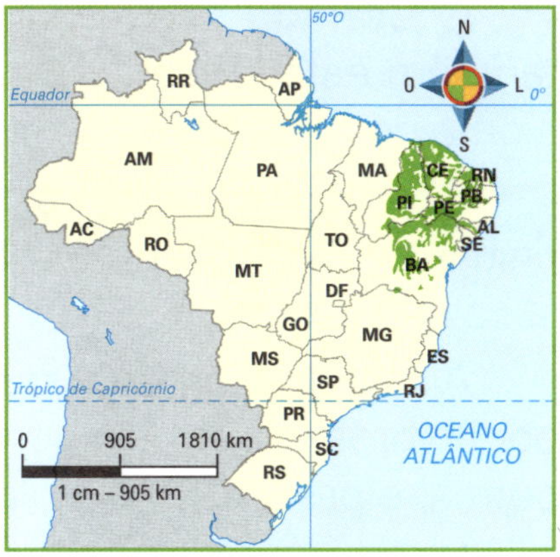

ID/BR

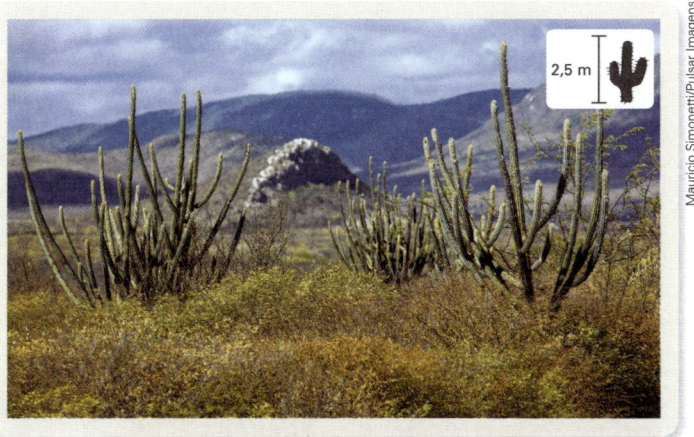

Localização da Caatinga.

Fonte de pesquisa: *Meu 1º atlas*. Rio de Janeiro: IBGE, 2012. p. 120.

Caatinga, na língua indígena tupi, significa "mata branca", característica das plantas na época seca, quando ficam esbranquiçadas e quase sem folhas. Além das plantas que perdem folhas durante a **estiagem**, este bioma também é formado por plantas com folhas modificadas em espinhos. Essas adaptações reduzem a transpiração. Há ainda plantas que acumulam água no caule, como alguns cactos.

Estiagem: período seco, sem chuvas.

Quando chove, novas folhas surgem nas plantas e a paisagem fica mais verde. A água escorre pelo solo duro e pedregoso, formando riachos temporários, que voltam a secar nos períodos em que não chove.

Mauricio Simonetti/Pulsar Imagens

Na Caatinga, há cactos, arbustos, plantas rasteiras e poucas árvores. Jaguarari, BA. Foto de 2012.

Vários tipos de animais vivem na Caatinga. Veja dois exemplos.

Haroldo Palo Jr./Acervo do fotógrafo

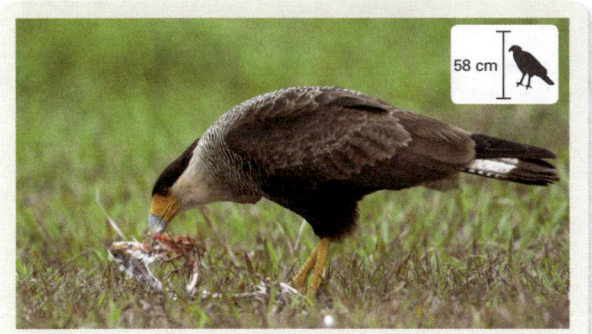

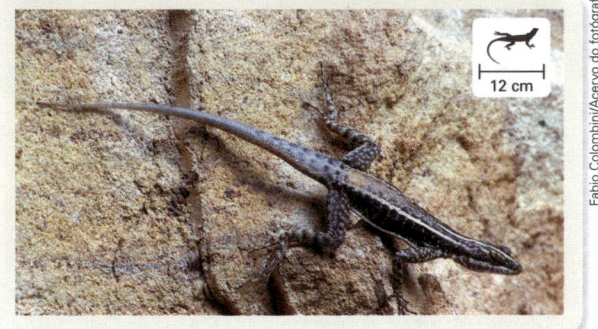

O carcará é um dos principais predadores da região.

Fabio Colombini/Acervo do fotógrafo

O calango é um lagarto que resiste a longos períodos de seca.

1 **"Mesmo não apresentando a mata densa como a da Mata Atlântica ou da floresta Amazônica, a Caatinga é um bioma rico e cheio de vida." Encontre e grife uma frase nesta página que confirme essa afirmação.**

Cerrado

O **Cerrado** ocorre principalmente na região Centro-Oeste do Brasil, mas também está presente em estados de outras regiões. Ele é o segundo maior bioma do país, superado apenas pela floresta Amazônica.

Quanto às chuvas, há duas estações bem definidas no Cerrado: uma chuvosa no verão e outra seca no inverno.

A vegetação típica deste bioma é formada por árvores baixas, em geral separadas umas das outras, e por arbustos e plantas rasteiras.

Muitas árvores possuem troncos com casca e folhas grossas e apresentam galhos retorcidos. Suas raízes também são comumente longas, assim, mesmo nos períodos de seca, elas obtêm água das camadas mais profundas do solo.

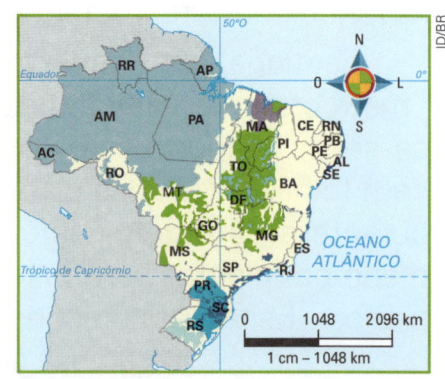

Localização do Cerrado no Brasil.
Fonte de pesquisa: *Meu 1º atlas*. Rio de Janeiro: IBGE, 2012. p. 120.

O tronco retorcido é uma característica de algumas espécies de árvores do Cerrado. Campo Novo dos Perecis, MT. Foto de 2012.

Assim como outras plantas do Cerrado, o ipê-amarelo floresce durante a estação seca, período em que as folhas caem. Lagoa Santa, MG. Foto de 2014.

Muitas espécies de seres vivos são endêmicas do Cerrado, ou seja, são encontradas apenas nesse bioma. Essa característica torna a conservação do Cerrado ainda mais importante.

Alguns animais do Cerrado são: o lobo-guará, o tamanduá-bandeira, a ema, o tatu, a cascavel e o sapo-do-rosa.

Tamanduá-bandeira.

Cascavel.

Tatu-bola.

Lobo-guará.

O Cerrado tem sido intensamente devastado nas últimas décadas. A transformação de parte das áreas em plantações ou pasto e incêndios frequentes em grandes áreas, provocados por seres humanos, são outra ameaça a esse bioma.

1 Leia o poema abaixo.

Vale a pena reparar
na forma da vegetação,
pois os galhos retorcidos,
vão crescendo, enrolados,
aguçando a imaginação.
[...]
Nem se atreva a dizer
que ser TORTO é ter defeito!

Nina Nazario. *Nina no Cerrado.*
São Paulo: Oficina de Textos, 2006. p. 14.

a. O texto se refere a um dos biomas brasileiros. Qual é?

_____

b. Encontre e sublinhe no poema uma característica típica da vegetação desse bioma.

c. Cite outra característica da vegetação desse ambiente que não aparece no poema.

Pantanal

A maior parte do **Pantanal** está localizada no Brasil, entre os estados do Mato Grosso e do Mato Grosso do Sul. Por essa razão, esse bioma também é chamado de Pantanal mato-grossense.

No Pantanal existem muitos rios. Durante o período chuvoso, que ocorre de outubro a março, as chuvas caem intensamente, causando a cheia dos rios. Muitos deles transbordam, alagando uma grande área. No final das chuvas, as águas baixam lentamente e os rios voltam ao curso natural, deixando nutrientes que fertilizam o solo.

A vegetação é variada. Em certas áreas predominam plantas baixas, como as gramíneas. Em outras, existem arbustos e árvores, como a aroeira, a bocaiuva e a piúva. Também é grande o número de plantas aquáticas. Muitas espécies de plantas que existem no Pantanal ocorrem também em outros biomas.

Localização do Pantanal no Brasil.

Fonte de pesquisa: *Meu 1º atlas*. Rio de Janeiro: IBGE, 2012. p. 120.

Área de Pantanal em Corumbá, MS.

1 A foto acima mostra um animal típico do Pantanal. Que animal é esse?

_____

2 Quais características do Pantanal apresentadas no texto desta página são visíveis na foto acima?

_____
_____

O Pantanal também apresenta uma das maiores concentrações de vida **silvestre** do planeta. Seus rios abrigam centenas de espécies de peixes e outros animais. Aves como o tuiuiú, os cabeças-secas e os socós são comuns nesse ambiente, onde também vivem jacarés, serpentes, onças, veados e capivaras.

Silvestre: nativo, que vive na natureza e não foi introduzido ou domesticado pelo ser humano.

Tuiuiús no ninho em Poconé, MT. Foto de 2015.

Na época das chuvas, os animais terrestres fogem das regiões inundadas. Na época da seca, ficam ao redor de lagoas e pequenos cursos de água, o que facilita sua observação por turistas, mas também por caçadores.

Nesta lagoa, é possível ver mamíferos e aves próximos.

Imagens sem proporção de tamanho entre si.

A fauna do Pantanal sofre muitas ameaças, como a alteração de seu ambiente natural para instalação de pastos e plantações. Em alguns casos, onças são caçadas porque chegam a se alimentar do gado criado próximo a seu território.

Araras, papagaios e outras aves são capturados para serem vendidos como animais de estimação e passam o resto da vida em cativeiro. Muitas dessas aves morrem em razão de maus-tratos durante o tráfico.

Filhotes de arara resgatados após terem sido capturados por traficantes de animais.

27

Campos

Os **Campos**, também chamados de Pampas, ocorrem exclusivamente no estado do Rio Grande do Sul, onde os invernos são muito frios e os verões são quentes. Nesse bioma predominam áreas planas com vegetação rasteira.

Gerson Gerloff/Pulsar Imagens

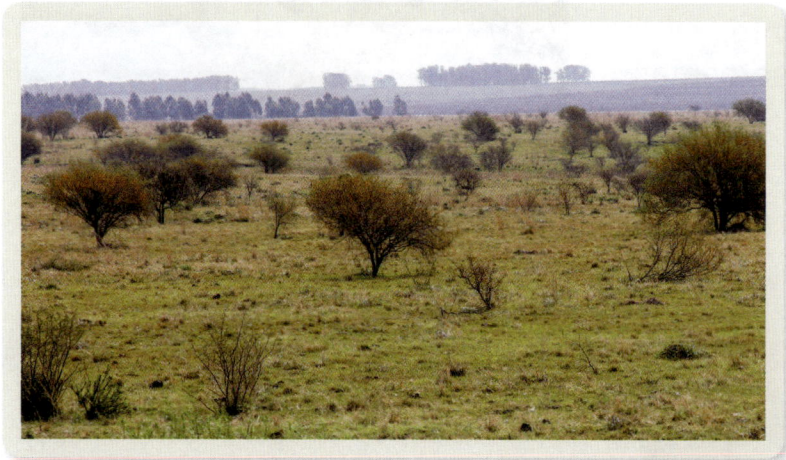

Área de Campos, caracterizada por relevo plano e vegetação rasteira.

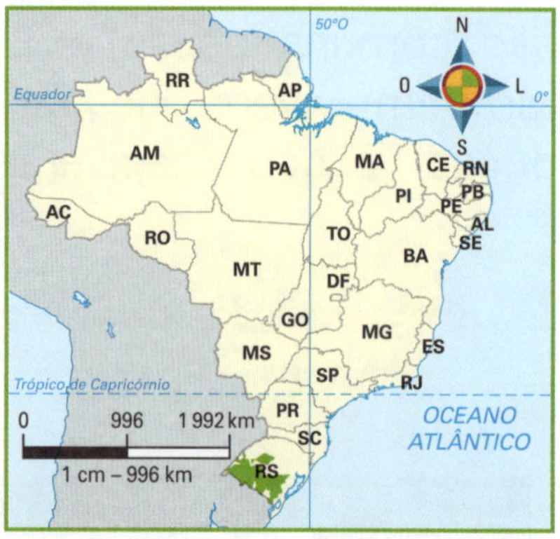

ID/BR

Localização dos Campos no Brasil.

Fonte de pesquisa: *Meu 1º atlas.* Rio de Janeiro: IBGE, 2012. p. 120.

Esse bioma é o menos estudado do nosso país. Sabe-se, contudo, que mais da metade de sua área já foi alterada para uso da agricultura e da pecuária.

O gato-palheiro e a noivinha-de-rabo-preto são exemplos de animais ameaçados de extinção que vivem nos Campos.

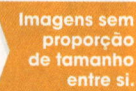

Imagens sem proporção de tamanho entre si.

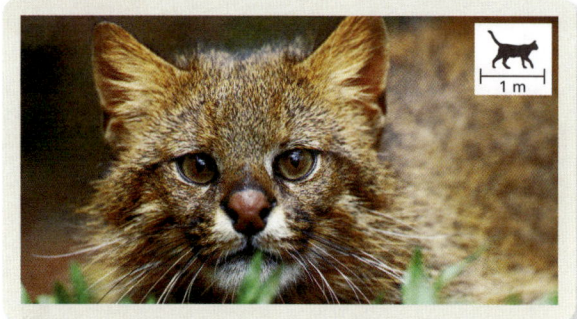

Art Wolfe/Photo Researchers, Inc./Latinstock

Gato-palheiro.

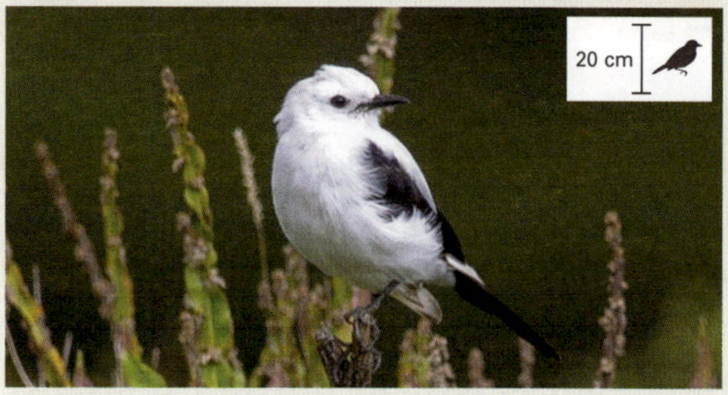

João Quental/Opção Brasil Imagens

Noivinha-de-rabo-preto.

1 **Leia o texto e sublinhe os trechos que identificam o bioma Campos.**

Poucas cenas são mais emblemáicas no imaginário das tradições regionais que a do gaúcho segurando uma cuia a sorver seu **chimarrão**. Quem a contempla logo pensa que o chimarrão e o homem do Pampa nasceram juntos [...]. Sequer chega a suspeitar de que nem sempre existiu a erva-mate, mesmo quando já se habitavam essas terras do Sul.

Chimarrão: bebida típica da Região Sul do Brasil.

Pedro Haase Filho. *Lendas gaúchas.* Porto Alegre: Zero Hora, 2000. v. 2. p. 24. (Coletânea de histórias populares do Rio Grande do Sul).

Preservando os ambientes

Uma grande parte dos biomas brasileiros já foi devastada. O que resta precisa ser preservado. Porém, essa não é uma tarefa fácil, já que as queimadas, os desmatamentos, a pecuária, a caça e a comercialização ilegal de animais silvestres ameaçam essas áreas.

Para garantir a conservação de animais e plantas em seus ambientes naturais, foram criadas as **Unidades de Conservação**, que são áreas protegidas do desmatamento e da caça e pesca sem controle.

Existem vários tipos de Unidades de Conservação. Algumas delas permitem a presença de pessoas e estão abertas à visitação, enquanto outras são fechadas para o público. Conheça alguns exemplos.

- **Parques Nacionais** – Grandes áreas com vegetação natural, onde é permitido realizar atividades recreativas, educacionais e científicas. É proibido explorar os recursos da região, como a madeira. O primeiro Parque Nacional brasileiro criado foi o de Itatiaia, no estado do Rio de Janeiro, em 1937.

Parque Nacional do Itatiaia, RJ. Foto de 2014.

- **Áreas de Proteção Ambiental** – São áreas com vegetação natural ocupadas por pequenas comunidades de pessoas. Os moradores locais recebem orientações de como viver nessas regiões sem causar grandes impactos ao ambiente. Essas áreas são supervisionadas e acompanhadas para que se mantenham preservadas.

Lagoa do Abaeté, localizada em Área de Proteção Ambiental em Salvador, BA. Foto de 2012.

- **Reservas Biológicas** – Áreas preservadas cujos recursos não podem ser explorados. A entrada nesses lugares é permitida somente para estudo, pesquisas científicas ou atividades educacionais.

Andorinhas-do-mar na Reserva Biológica Atol das Rocas, RN, 2012.

➕ SAIBA MAIS

Vivendo do extrativismo

Você sabe o que é Resex? É como foi apelidado um tipo de unidade de conservação chamada Reserva Extrativista. Essas áreas são habitadas por moradores que extraem produtos vegetais ou animais – por exemplo, frutos. Além de extrair produtos, os moradores também cultivam hortas e criam animais.

As Resex têm como objetivos proteger os meios de vida e a cultura das comunidades locais e garantir o uso adequado dos recursos naturais.

As **matas de cocais**, presentes principalmente nos estados do Maranhão e do Piauí, são fonte de muitos produtos para as populações extrativistas. Nessa região são comuns dois tipos de palmeira: a **carnaúba** e o **babaçu**.

Da carnaúba são extraídas, entre outros produtos, folhas utilizadas na confecção de cestos artesanais. Da semente do babaçu, por sua vez, é extraído um óleo que pode ser usado na fabricação de sabão e de óleo comestível.

Cestos feitos com folhas de carnaúba.

Babaçu com cocos, seus frutos.

1 Forme grupo com dois colegas, leiam o texto e respondam às questões.

> A Caatinga é um bioma exclusivamente brasileiro. Diversas espécies animais e vegetais só existem nesse bioma. Porém, apenas 1% de seu território se encontra protegido.
>
> Para sobreviver, grande parte de sua população precisa explorar os recursos do ambiente. Esse é um dos fatores que têm levado a profundas alterações ambientais.

Texto para fins didáticos.

a. O que poderia ser feito para reduzir as alterações no ambiente da Caatinga?

_____

_____

b. No dia 28 de abril é comemorado o Dia Nacional da Caatinga. A data foi instituída por um decreto publicado em 2003. Troquem ideias: Por que o governo cria datas como essa? Elas são importantes na conscientização das pessoas sobre os ambientes?

2 Leia o texto a seguir.

> Poucas horas depois, uma revoada de aves chamou minha atenção. Eram anambés, araras, tucanos e mais uma infinidade delas. Uma jacutinga me alertou:
> – Fuja, papagaio! Tem gente ruim na mata!
> Desci para me esconder numa das árvores. Eram os [...] caçadores preparando mais armadilhas. [...]
> Como aprendi com meu avô, fiquei completamente imóvel no meio da folhagem. Minha cor verde foi o disfarce perfeito para aquele momento terrível. [...]
> Observei a ação dos traficantes. Montavam armadilhas no chão e nos galhos. [...] Anualmente milhões de aves, mamíferos, peixes e anfíbios são caçados impiedosamente e quase levados à extinção. É uma judiação: de cada dez animais presos, apenas um chega com vida ao seu destino. [...]

Lalau e Laurabeatriz. *Diário de um papagaio*: uma aventura na Mata Atlântica. São Paulo: Cosac Naify, 2007. p. 30-31.

a. Do que trata o texto? _____

b. Como você pode contribuir para combater esse problema?

_____

_____

Agora já sei!

1 Leia o texto abaixo.

Imagens sem proporção de tamanho entre si.

O mocó e o tatu-bola têm estratégias para sobreviver ao clima quente e seco da Caatinga. O mocó evita se expor ao sol, alojando-se entre rochas e fendas de pedras, locais sombreados em que há maior umidade. Já o tatu-bola faz quase todas as suas atividades à noite. Ao longo do dia, a fim de evitar o sol, ele se esconde em buracos no chão, feitos por ele ou por outros tatus.

Mocó.

Tatu-bola.

Texto para fins didáticos.

a. Os animais acima têm estratégias para sobreviver ao clima quente e seco da Caatinga. E os seres humanos? Que comportamentos podem adotar para se proteger de condições ambientais como essas?

_____
_____
_____

b. Sertanejos vivem na Caatinga. Você sabe o significado da palavra em destaque? Conhece as características de um sertanejo? Com a ajuda do colega, consulte um dicionário para responder à questão.

_____
_____

c. Converse com os colegas: A Caatinga tem características mais parecidas com as características do Cerrado ou da Mata Atlântica? Justifique.

2 Observe o cartaz, sobre uma campanha de proteção à Caatinga. Note que o cartaz combina textos curtos com imagem marcante para transmitir uma mensagem.

a. Qual é a mensagem transmitida por ele?

_____

_____

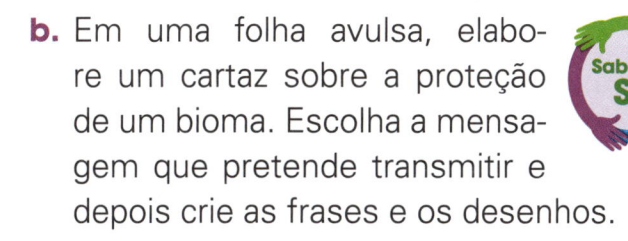

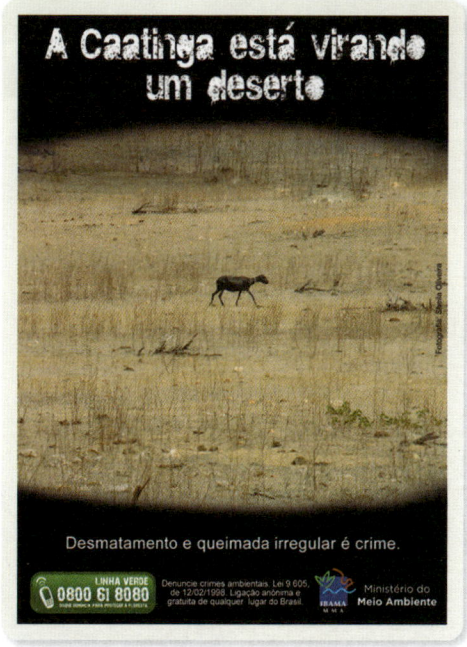

b. Em uma folha avulsa, elabore um cartaz sobre a proteção de um bioma. Escolha a mensagem que pretende transmitir e depois crie as frases e os desenhos.

3 As fotos a seguir representam regiões do Pantanal em diferentes épocas do ano.

a. Qual outro bioma brasileiro também apresenta inundações anuais?

_____

b. As inundações no Pantanal ajudam a conter a destruição nesse bioma. Elabore uma hipótese para explicar esse fato.

http://linkte.me/b6r23
Na página do projeto de educação ambiental Tom do Pantanal, você pode acessar o jogo "Perdido no Pantanal". Percorra as paisagens desse bioma ouvindo sons tipicamente pantaneiros.
Acesso em: 3 mar. 2016.

CAPÍTULO 3 — Ambiente e atividade agrícola

A criação de animais e as plantações são atividades humanas que permitem produzir alimentos de origem animal e vegetal em grande quantidade.

Ao longo do tempo, diversas áreas naturais do planeta foram sendo substituídas por pastos e cultivos. Paralelamente, novas técnicas foram desenvolvidas para melhorar a fertilidade do solo e levar água até as plantações.

Observe a imagem a seguir.

Foto aérea da floresta Amazônica contendo área desmatada para a plantação de soja. MT, 2015.

1 O que chama sua atenção nessa imagem?

2 Na região em que você mora, há plantações e pastos? Como os terrenos são preparados para essas atividades?

Desgaste do solo

A erosão, o desmatamento e as queimadas são exemplos de processos que podem desgastar o solo.

▪ Erosão

Ao mesmo tempo que as raízes das plantas se fixam à terra, elas também ajudam a segurar pedaços do solo e facilitam a penetração de água nele.

Ao remover a vegetação para praticar a agricultura, criar pastos ou construir cidades, por exemplo, as camadas superficiais do solo ficam desprotegidas.

O vento e a água podem remover parte do solo, formando rachaduras e buracos. Esse processo de desgaste do terreno é chamado **erosão**.

A retirada da vegetação torna o solo mais sujeito à erosão, como nesta área desmatada em Cavalcante, GO. Foto de 2015.

A erosão é um processo natural, mas ações humanas, como queimadas e o corte de árvores, podem agravar o problema.

Quando a erosão é muito intensa, o solo não pode ser utilizado para o plantio de culturas nem para a criação de animais. Nas cidades, a erosão pode provocar deslizamentos de terra, destruindo casas e estradas e deixando pessoas desabrigadas.

Desmatamento e fortes chuvas provocaram o deslizamento de terra nesta avenida em Santo André, SP. Foto de 2013.

▪ Destruição da mata ciliar e mata de galeria

Nas margens de rios, riachos e lagoas, onde o solo é mais úmido, em geral existe uma faixa de vegetação formada por árvores e outras plantas. São a **mata ciliar** e a **mata de galeria**.

Nesses locais, as raízes das plantas ajudam a evitar que o solo das margens seja carregado e depositado no fundo do rio e assim impedem a diminuição de sua profundidade.

Mata ciliar às margens do rio Irani, em Chapecó, SC. Foto de 2016.

Mata de galeria na Chapada dos Guimarães, MT. Foto de 2013.

▪ Queimadas

Em certos locais, o fogo é utilizado para remover a vegetação de maneira rápida e pouco trabalhosa. Mas, além de poluir o ar, as queimadas frequentes são muito prejudiciais ao solo.

O fogo não mata apenas animais. Os microrganismos decompositores que vivem no solo também morrem, prejudicando a decomposição de folhas caídas, fezes e organismos mortos. Assim, novos nutrientes deixam de ser incorporados ao solo, que perde parte de sua fertilidade.

Queimada em Mata Atlântica na cidade de Petrópolis, RJ. Foto de 2014.

1 A figura abaixo mostra uma pequena propriedade rural. O dono não pretende ampliar as áreas de cultivo e de pasto, mas está preocupado com a erosão dos morros e com as mudanças no nível de água do rio.

a. Esse local está sujeito à erosão? Explique.

_____

_____

b. Pode haver mudança na profundidade do rio? Explique.

_____

_____

_____

c. Qual seria a causa provável da erosão?

_____

_____

2 Procure em um dicionário os significados de "ciliar" e "galeria". Depois, converse com os colegas e proponha uma explicação para as denominações "mata ciliar" e "mata de galeria".

_____

_____

_____

_____

O solo e o cultivo de plantas

A agricultura é fundamental para a sobrevivência da espécie humana. Portanto, é necessário praticá-la de formas que garantam a conservação do solo. Existem técnicas de cultivo que previnem a erosão e mantêm a fertilidade do solo.

▪ Prevenção da erosão

Os terrenos inclinados são mais sujeitos à erosão, pois neles a água das chuvas escoa com maior velocidade.

Existem técnicas que diminuem bastante a erosão em terrenos muito inclinados, como os morros. No **plantio em terraços**, os canteiros são construídos como se fossem grandes degraus de uma escada. Dessa forma, a água das chuvas desce pelo morro com menor velocidade e não carrega grande quantidade de partículas do solo.

Plantação de arroz em terraços na China. Foto de 2013.

Em terrenos menos inclinados, é possível fazer o **plantio em curvas de nível**. As plantas são cultivadas em fileiras curvas que acompanham a inclinação do terreno. Ao escorrer por esses caminhos, a água diminui de velocidade, o que reduz a possibilidade de arraste do solo.

Cafezal em curvas de nível em Serra Negra, SP. Foto de 2013.

Em muitas culturas, o solo fica descoberto entre o fim de uma colheita e o plantio da nova safra. Nesse período ele está mais sujeito à erosão. Cobrir o solo com folhas secas, palha e outros restos de plantas após a colheita é outra medida que ajuda a diminuir a erosão, além de manter a umidade.

Além da água, o vento também pode carregar partículas de solo e provocar erosão. Plantar fileiras de árvores e cercas de arbustos em locais altos, onde venta muito, ajuda a diminuir a força dos ventos. Essas fileiras de árvores são chamadas de **quebra-vento**.

Plantio de nabo protegido por quebra-vento de capim em Londrina, PR. Foto de 2016.

▪ Irrigação e drenagem

Um solo preparado para o plantio deve conter ar e água na quantidade indicada para cada tipo de plantação.

Para garantir a umidade adequada, solos muito secos devem ser irrigados, e os naturalmente encharcados podem ser **drenados**.

Drenar: escoar, retirar a água.

Detalhe de irrigação em campo agrícola em Araguari, MG. Nesse tipo de irrigação, gotas de água pingam sobre o solo diretamente acima da raiz.

gota de água

1 Observe novamente a imagem da atividade **1**, na página 37. Sabendo que o agricultor pretende ocupar com plantação a área do morro atrás de sua casa, quais técnicas são indicadas? Explique.

_____
_____
_____
_____

▪ Adubação

Em ambientes naturais, restos de organismos, como fezes, folhas e galhos secos, se acumulam sobre o solo. Os fungos e as bactérias se alimentam desses restos, decompondo-os.

A decomposição resulta na liberação de sais minerais no solo, que são parcialmente absorvidos pelas plantas. Por isso, a decomposição contribui para manter o solo fértil.

Porém, quando a vegetação natural é arrancada, esse processo é prejudicado. Em geral, nas áreas cultivadas pelos seres humanos, as plantas são removidas após a colheita e assim os nutrientes não retornam ao solo. Ao longo de vários ciclos de plantios e colheitas, o solo vai perdendo a fertilidade.

Folhas caídas acumuladas sobre o solo da Mata Atlântica.

A **adubação** é uma maneira de recuperar a fertilidade do solo. Os adubos orgânicos são compostos de esterco e restos de vegetais. Os adubos sintéticos são produzidos industrialmente.

Adubo orgânico obtido com a decomposição de restos de plantas e animais.

⊕ SAIBA MAIS

As minhocas e o solo

As minhocas se alimentam de esterco e restos de plantas. Suas fezes, ricas em nutrientes, misturam-se ao solo e são um adubo natural para as plantas. Os túneis que esses animais escavam dentro do solo também contribuem para mantê-lo fofo e arejado, facilitando a penetração da água.

As minhocas contribuem para melhorar a qualidade do solo.

2 As fotos abaixo são do mesmo local, em períodos diferentes.

Fazenda Bulcão, em Aimorés, MG, fotografada em 2001. Essa fazenda recebeu o título de Reserva Particular de Patrimônio Natural em 1998.

Fazenda Bulcão, em Aimorés, MG, fotografada em 2012.

a. Que mudanças foram feitas nesse local? Quais os efeitos para o ambiente?

_____
_____
_____
_____

b. As Reservas Particulares de Patrimônio Natural (RPPNs) são um tipo de unidade de conservação. Com um colega, pesquisem mais sobre os tipos de unidade de conservação. Mais abaixo, sugestões de *sites*.

_____
_____
_____
_____
_____

http://linkte.me/qxykw
http://linkte.me/s67h6
Nesses *sites*, há informações para a pesquisa.
Acessos em: 14 mar. 2016.

Pragas e o uso de agrotóxicos

As plantações são fonte de alimento não só para os seres humanos, mas também para outros animais.

No ambiente natural, os efeitos causados pelos herbívoros são pouco sentidos pelos seres humanos. No entanto, em plantações, esses animais passam a se alimentar dos vegetais cultivados. A abundância de alimento e a ausência de predadores favorece a rápida multiplicação desses herbívoros, que se tornam **pragas**, danificando as plantações.

Além dos animais herbívoros, há pragas, como alguns fungos, bactérias e vírus, que causam doenças nas plantas. E existem também as plantas daninhas, que crescem entre as plantas cultivadas e diminuem a produtividade dos agricultores.

Imagens sem proporção de tamanho entre si.

Lagarta alimentando-se do fruto do algodoeiro.

Fruto sadio do cacau (esquerda) e fruto atacado pela doença "vassoura de bruxa", causada por um fungo.

Para combater as pragas nas plantações, existem substâncias industrializadas chamadas **agrotóxicos**. Porém, essas substâncias oferecem riscos à saúde das pessoas e ao ambiente. Por isso, devem ser aplicadas de acordo com normas de segurança e na quantidade indicada por profissionais da área.

Ao serem levados pela chuva, os agrotóxicos podem chegar a rios próximos e contaminar as reservas subterrâneas de água.

A ingestão de água contaminada tem efeitos muito nocivos sobre os seres vivos.

Aplicação de agrotóxicos em uma plantação de feijão em Guaíra, SP. Foto de 2013.

Na agricultura orgânica não é permitido o uso de substâncias que coloquem em risco a saúde humana e o meio ambiente. Não são utilizados fertilizantes sintéticos solúveis, agrotóxicos [...].

Para ser considerado orgânico, o produto tem que ser produzido [...] onde se utilizam como base do processo produtivo os princípios [...] que contemplam o uso responsável do solo, da água, do ar e dos demais recursos naturais, respeitando as relações sociais e culturais.

Ministério da Agricultura. O que são alimentos orgânicos. Disponível em: <http://linkte.me/im1sf>. Acesso em: 7 mar. 2016.

Na prática

As unidades de conservação e o entorno

As unidades de conservação foram criadas para garantir a conservação dos ambientes. Vamos investigar se essas áreas estão realmente protegidas?

Você vai precisar de: uma superfície coberta por terra seca (como o solo de um jardim), um metro de barbante, uma jarra plástica com água, papel para rascunho e um leque (ou qualquer pedaço de papelão, para abanar).

Experimente

1. Com o barbante, delimite um círculo sobre a terra. O interior do círculo representa uma unidade de conservação, e a área externa representa uma plantação.

2. Despeje aos poucos a água da jarra na área da plantação, mantendo o bico da jarra perto do limite da unidade de conservação, como na foto ao lado. Observe o que acontece com o solo.

3. Pique pequenos pedaços de papel para representar as sementes da plantação. Jogue-os na área externa à unidade de conservação. Se estiver ventando, observe. Se não, abane os papéis e veja onde eles se depositam.

Responda

1. A água despejada sobre o solo molhou apenas a área da plantação ou também a área da unidade de conservação?

2. Se a água do experimento representasse um agrotóxico aplicado na plantação, a unidade de conservação estaria protegida dele?

3. Certas sementes são carregadas pelo vento. Onde foram parar as "sementes" do experimento? As sementes da plantação poderiam germinar na unidade de conservação? Isso seria bom ou ruim? Explique.

Agora já sei!

1 Leia este texto sobre o povo indígena Xavante.

> Os Xavante habitam a zona central do Cerrado brasileiro [...]. A dieta básica tradicional consiste em produtos coletados principalmente pelas mulheres: raízes silvestres, castanhas, frutos e outros vegetais.
>
> A coleta é suplementada por itens fornecidos pelos homens: carnes de caça e alguma quantidade de peixe [...]. Até o início da intensificação da colonização [...], os Xavante obtinham esses alimentos em excursões de caça e coleta: longas viagens, que chegavam a durar alguns meses [...].
>
> [...] A degradação ambiental, resultado da criação de gado e do monocultivo agrícola no interior e no entorno das terras xavante, diminuiu fortemente o estoque de fauna [...] disponível. As carnes e os pescados [...] são escassos na maioria das áreas xavante atuais [...].

Povos indígenas do Brasil. Disponível em: <http://linkte.me/z9esx>. Acesso em: 14 mar. 2016.

■ Qual é o problema citado no texto? Que grupo de pessoas acabou sendo prejudicado por esse problema?

_____
_____
_____
_____

2 Qual processo natural as pessoas procuram reproduzir quando utilizam adubos (orgânicos ou industriais) em solos pobres ou esgotados por sucessivas plantações e colheitas? Explique.

_____
_____
_____
_____
_____

3 Luca tem uma pequena chácara, onde planta couve e alface. Ele compra adubos sintéticos para fertilizar a horta. Sua vizinha Luísa também planta verduras. Ela aduba sua horta misturando restos de plantas ao solo.

CONTEÚDO NA VERSÃO DIGITAL

a. Que tipo de adubação cada agricultor utiliza?

_____
_____

b. Por que os restos de plantas podem ser considerados adubo?

_____
_____
_____

4 O vento e a água são exemplos de fatores responsáveis pela erosão natural de solo e rochas. Em alguns casos, os processos erosivos podem ser potencializados por ações humanas.

a. Assinale a imagem que apresenta o resultado de erosão potencializada pelo ser humano.

b. Escreva o que pode ter acontecido com o solo e o rio da foto da direita.

_____
_____
_____
_____

5 Forme um grupo com mais três colegas para pesquisar se, no município onde se localiza sua escola, existem regiões em que a erosão do solo é visível. Identifique o local (nome da rua e bairro).

Vamos fazer!

Álbum dos biomas

Que tal aproveitar o conhecimento que você já tem sobre os biomas brasileiros para montar um álbum de figurinhas?

Do que vocês vão precisar

- jornais e revistas para recortar
- folhas de papel avulsas
- tesoura de ponta arredondada
- cola branca
- lápis e caneta
- caneta hidrográfica ou lápis de cor
- fotografias de viagem

Como fazer

1. Folheiem revistas e jornais em busca de imagens dos biomas brasileiros e recortem as que vocês selecionarem. Pode ser, por exemplo, uma fotografia ou ilustração de paisagem ou de alguma planta ou animal nativo do bioma. Em casa, com a ajuda de seus familiares, procure também fotografias de viagens que você fez e que possam ser trazidas para a atividade.

2. Criem legendas para as imagens selecionadas. Façam um rascunho no caderno.

    Elaborem também pequenos textos sobre as fotografias de suas viagens. Vocês podem contar, por exemplo, como se sentiram ao visitar o local ou o que observaram.

3. Com os colegas de grupo, discuta como vocês vão montar o álbum. Será preciso planejar a distribuição das imagens e das legendas nas folhas. Se faltar algum bioma, façam desenhos. Vocês podem usar as imagens deste livro como referência.

4. Caprichem na criatividade para finalizar o álbum e a confecção da capa.

5. Assim que o material estiver pronto, façam um rodízio entre os grupos, para que todos possam conhecer os trabalhos uns dos outros. Depois, cada um pode compartilhar o álbum com seus familiares.

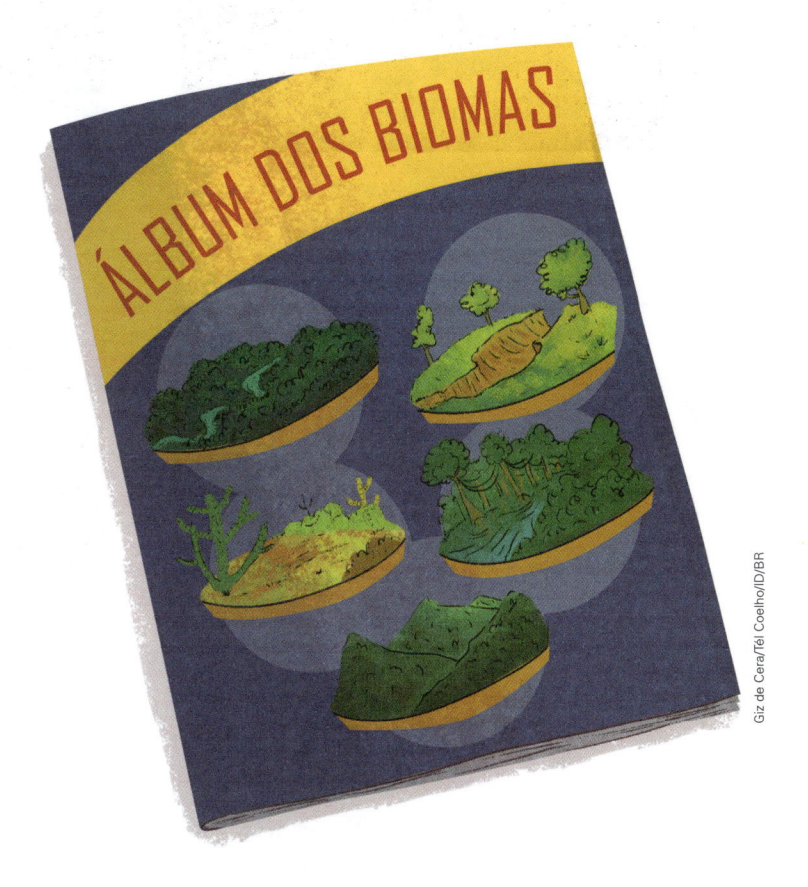

O que aprendi?

1 Jornalistas ambientais viajaram pelo Brasil com o objetivo de visitar regiões com paisagens originais preservadas. Leia abaixo as descrições de alguns momentos da viagem, escritas no diário de um dos jornalistas.

1. Começamos o trabalho perto da praia, em local contendo árvores ancoradas em solo lodoso.

2. Na segunda etapa, atravessamos uma região quente e seca. Muitas plantas estavam sem folhas e havia cactos de várias espécies.

3. Dias depois, encontramos árvores baixas com galhos tortos e vimos uma ema pelo caminho.

4. Na última etapa, encontramos mata fechada e árvores muito altas, de troncos largos.

a. Numere as fotos abaixo segundo a rota dos jornalistas. Em seguida, escreva o nome do tipo de vegetação correspondente.

b. Jornalistas ambientais são profissionais especializados em divulgar e analisar fatos, estudos e pesquisas sobre preservação do ambiente e da biodiversidade. Em sua opinião, que contribuições esses profissionais podem trazer para a conservação dos biomas?

48

2 Leia o texto e observe a foto.

Os tuco-tucos, ou apenas tucos, são mamíferos que passam a maior parte da vida embaixo da terra, vivendo em túneis subterrâneos. Eles se alimentam de plantas rasteiras, que cobrem as proximidades das entradas dos túneis, e de raízes. Quatro das espécies de tucos habitam apenas o estado do Rio Grande do Sul.

Texto para fins didáticos

■ Os tuco-tucos estão adaptados aos Campos. Sublinhe a informação do texto que sugere tratar-se desse bioma.

3 Que tal conhecer outros animais e plantas dos biomas brasileiros? Vá até a página 177 e recorte as fichas do jogo **Que bicho é? Que planta é?**. O jogo pode ter dois ou três participantes. Siga as instruções abaixo.

- Antes de iniciar o jogo, leia as informações das fichas e observe a foto e o nome de cada ser vivo.

- Embaralhe as fichas e coloque-as sobre a mesa, com as fotos viradas para baixo.

- Um por vez, cada jogador retira uma ficha, lê as informações e tenta descobrir o nome do animal ou da planta daquela ficha.

- O jogador que acertar fica com a ficha. Se errar, ela deve ser colocada no final da pilha.

- A partida acabará quando não houver mais cartas na pilha. Quem tiver o maior número de fichas será o vencedor.

UNIDADE 2

Energia

A energia está presente em todos os ambientes, naturais ou construídos. Os seres humanos, por exemplo, usam energia para muitos fins, como iluminar ruas e casas e fazer funcionar máquinas e diversos equipamentos.

- Observe a cena ao lado. A senhora está contando a seus netos e amigos como a vida era diferente durante sua infância, sem energia elétrica. Escreva no balão o que você acha que ela poderia falar a eles.

- Agora, pense em sua rotina. Em quais situações do seu dia a dia há eletricidade?

- Além da eletricidade, você conhece outras formas de energia? Quais? Consegue identificar alguma delas representada nessa ilustração?

51

CAPÍTULO 1 — Energia no dia a dia

Observe a foto abaixo.

Foto aérea noturna do Teatro Amazonas, construído em 1896, em Manaus, AM. Foto de 2012.

1. Durante a noite, sem a luz solar, precisamos de algum tipo de iluminação artificial. Na imagem, podemos ver parte de uma cidade iluminada à noite. Você sabe qual forma de energia nos permite ter esse recurso?

2. Como você descreveria as cidades à noite antes da criação da energia elétrica?

3. Como é a iluminação do local onde você mora? Converse com seus familiares e pergunte a eles se acham a região bem iluminada durante a noite. Depois conte para o resto da turma o que você descobriu.

Formas de energia

Para sobreviver, os seres humanos e os outros seres vivos dependem do alimento, ou melhor, da **energia** obtida do alimento. Mas e para acender uma lâmpada, fazer a geladeira funcionar ou movimentar um carro? Essas e muitas outras situações do dia a dia também dependem de algum tipo de energia.

Existem muitas formas de energia. Algumas delas são:

A energia do vento empurra o barco, que então desliza na água.

- **energia luminosa** – está relacionada à emissão de luz. O Sol ilumina nosso planeta. As plantas absorvem essa luz na fotossíntese, processo pelo qual elas produzem seu próprio alimento.

- **energia térmica** – está relacionada à temperatura. Em geral, quanto mais quente um objeto, mais energia térmica há nele. O Sol, além de iluminar, aquece a Terra.

O PÃO ACABOU DE SER ASSADO. ESTÁ BEM QUENTINHO!

- **energia elétrica** – está relacionada ao funcionamento de aparelhos, como televisores, eletrodomésticos ou computadores. Além disso, os raios que surgem nas tempestades são descargas de energia elétrica.

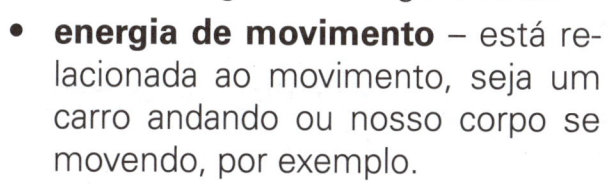

A energia térmica aquece e assa o pão no forno da padaria.

- **energia de movimento** – está relacionada ao movimento, seja um carro andando ou nosso corpo se movendo, por exemplo.

- **energia sonora** – está relacionada ao som, como o canto dos pássaros, a música e a voz humana, por exemplo.

A energia de movimento faz com que a bola se desloque em direção à cesta.

- **energia química** – está relacionada aos alimentos, aos combustíveis e às pilhas, por exemplo. A energia dos alimentos consumidos permite que você se desenvolva e se movimente. A energia dos combustíveis movimenta carros e aviões. A energia das pilhas permite o funcionamento de equipamentos.

bateria do telefone celular

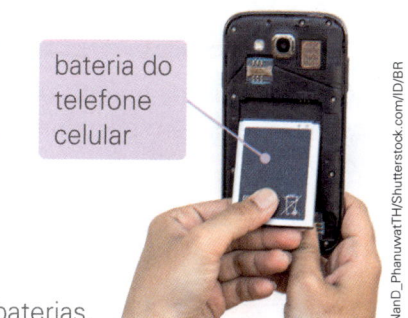

A energia química também está presente em baterias.

▪ Transformações de energia

Agora que você já conhece várias formas de energia, verá que ela pode passar de uma forma para outra. Essas transformações são comuns em nosso dia a dia. Veja alguns exemplos a seguir.

- Nas usinas hidrelétricas, a energia do movimento da água é transformada em energia elétrica.
- Ao ligarmos a TV, a energia elétrica que chega ao aparelho é transformada em energia luminosa e energia sonora.
- Quando ligamos o interruptor de uma lâmpada, a energia elétrica que chega a ela se transforma em energia luminosa.
- Nos carros, a energia química do combustível é transformada em energia de movimento, fazendo o carro andar. Além disso, a energia química armazenada na bateria é transformada em outros tipos de energia, como luminosa (usada pelos faróis) e sonora (usada pelo rádio).

Durante um processo de transformação de energia, há sempre uma parte da energia inicial que não é aproveitada como se queria. Veja dois exemplos a seguir.

Usina hidrelétrica de Paulo Afonso, BA. Foto de 2015.

O MOTOR ESQUENTOU DEMAIS.

CUIDADO PARA NÃO ENCOSTAR NA LÂMPADA. ELA ESTÁ MUITO QUENTE.

A transformação da energia do combustível em movimento também esquenta o motor (energia térmica) e produz barulho (energia sonora).

Nas lâmpadas incandescentes, parte da energia elétrica acaba sendo transformada em energia térmica, que não é aproveitada para iluminação.

Atenção
O contato com lâmpada aquecida pode causar queimaduras.

1 Observe a figura ao lado.

QUE ESTRANHO, VOVÔ! O RÁDIO ESTÁ À SOMBRA, MAS ESTÁ QUENTE.

a. Que tipo de transformação de energia ocorre quando o rádio está ligado?

_____
_____
_____

b. O rádio está ligado há algum tempo. Por que ele está quente?

_____
_____
_____

c. A energia térmica do rádio não é aproveitada. Mas, na cena, há um exemplo de aproveitamento dessa forma de energia. Qual é esse exemplo?

_____
_____

2 Pense nos equipamentos da sua residência. Escreva um exemplo de aparelho que realiza cada uma das transformações citadas abaixo.

a. Energia elétrica em energia luminosa.

_____

b. Energia elétrica em energia de movimento.

_____

c. Energia elétrica em energia sonora.

_____

d. Energia elétrica em energia térmica.

_____

@ http://linkte.me/f42yo
No *site* do Centro da Memória da Eletricidade no Brasil, no *link* Almanaque Energia, confira a maquete animada de uma casa dos anos 1950. Acesso em: 2 fev. 2016.

Energia luminosa

A energia luminosa possibilita o desenvolvimento da vida e da visão do mundo ao nosso redor.

▬ A luz do Sol

A luz do Sol é a principal fonte de energia luminosa e térmica do planeta Terra. A existência de todos os seres vivos depende dela, que garante iluminação e temperaturas adequadas para o desenvolvimento da vida.

As plantas utilizam a luz do Sol na fotossíntese para fabricar seu próprio alimento. Os animais, por sua vez, alimentam-se das plantas, aproveitando-se indiretamente da energia que elas absorveram da luz do Sol.

As plantas precisam da luz para produzir seu próprio alimento.

Os animais não produzem seu próprio alimento, mas se alimentam de plantas.

Imagens sem proporção de tamanho entre si.

▬ A luz artificial

Durante o dia, temos iluminação natural devido à luz do Sol. À noite ou em lugares fechados, precisamos utilizar iluminação artificial, feita por lâmpadas.

As lâmpadas incandescentes são pouco eficientes, pois a maior parte da energia elétrica consumida por elas é perdida na forma de calor. Por isso, essas lâmpadas estão sendo substituídas por outros tipos mais econômicos, eficientes e duráveis, como as lâmpadas fluorescentes e as LED.

lâmpada incandescente

lâmpada fluorescente

lâmpada LED

Alguns tipos de lâmpadas.

Luz e visão

Para enxergarmos os objetos à nossa volta, é necessário que eles estejam ao alcance da visão e haja luz no ambiente. Então, por exemplo, você não conseguirá ver um colega se ele estiver atrás de você ou se o ambiente estiver completamente escuro.

Os olhos e a luz

Os olhos são os órgãos da visão. Quando um objeto é iluminado, ele reflete parte da luz. Nós enxergamos o objeto quando essa luz refletida entra no olho pela pupila.

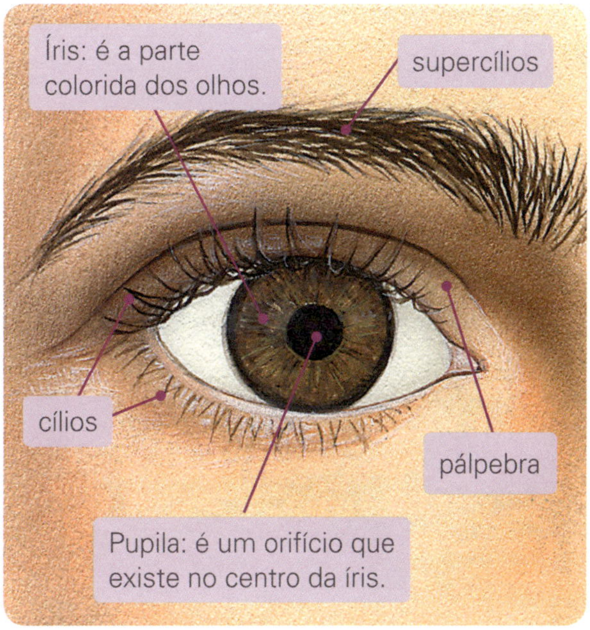

A quantidade de luz que chega aos olhos varia de acordo com o ambiente em que estamos. Você já reparou que, ao acordar pela manhã, ficamos ofuscados pela claridade ao abrir a janela ou ao acender a luz? Alguns instantes depois, nossa visão se acostuma e podemos enxergar normalmente.

Também temos dificuldade para enxergar quando entramos em um local pouco iluminado. Mas, após alguns segundos, passamos a ver melhor.

Tudo isso acontece porque a pupila é capaz de aumentar e diminuir de tamanho, controlando a quantidade de luz que entra nos olhos e permitindo uma visão mais eficaz. Observe estas ilustrações.

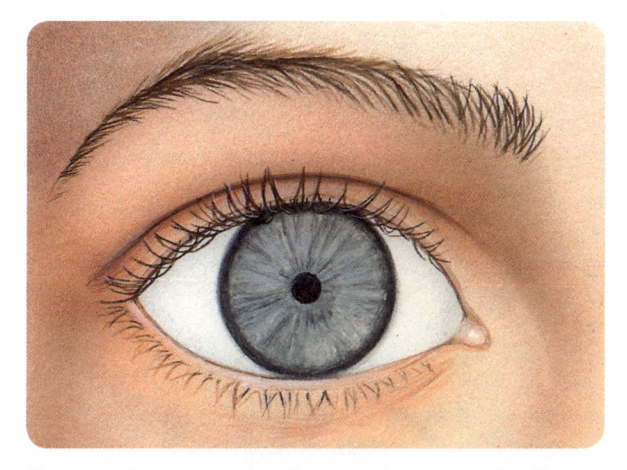

Íris: é a parte colorida dos olhos.
supercílios
cílios
pálpebra
Pupila: é um orifício que existe no centro da íris.

Representação de algumas partes do olho e das estruturas que o protegem (pálpebras, cílios e supercílios).

Em ambientes muito iluminados, a pupila fica menor, diminuindo a quantidade de luz que entra no olho.

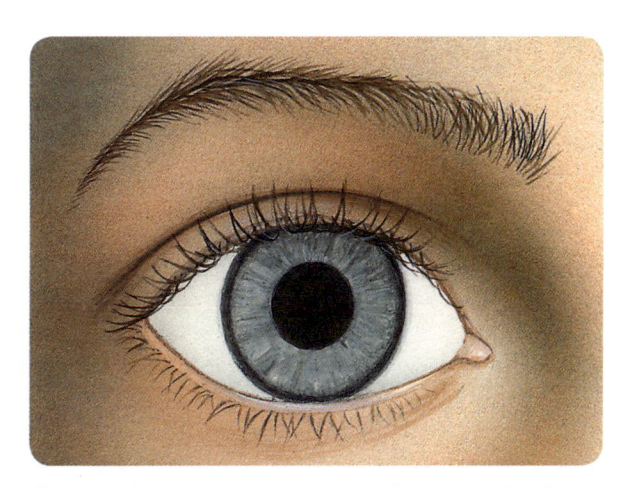

Em ambientes pouco iluminados, a pupila fica maior, aumentando a quantidade de luz que entra no olho.

Cuidados com os olhos

Os olhos estão abrigados em cavidades que existem no crânio. Além disso, eles também são protegidos por outras estruturas.

As pálpebras e os cílios dificultam a entrada de poeira e outros materiais que irritam os olhos. Já os supercílios (sobrancelhas) impedem que o suor da testa escorra para os olhos.

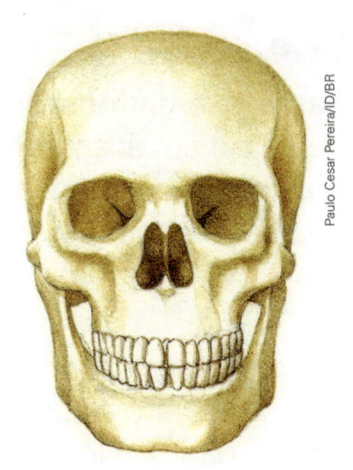

Os ossos do crânio e da face protegem os olhos e outros órgãos da cabeça.

Fonte de pesquisa da ilustração: Gerard J. Tortora e Sandra Reynolds Grabowski. *Corpo humano*. Porto Alegre: Artmed, 2006. p. 481.

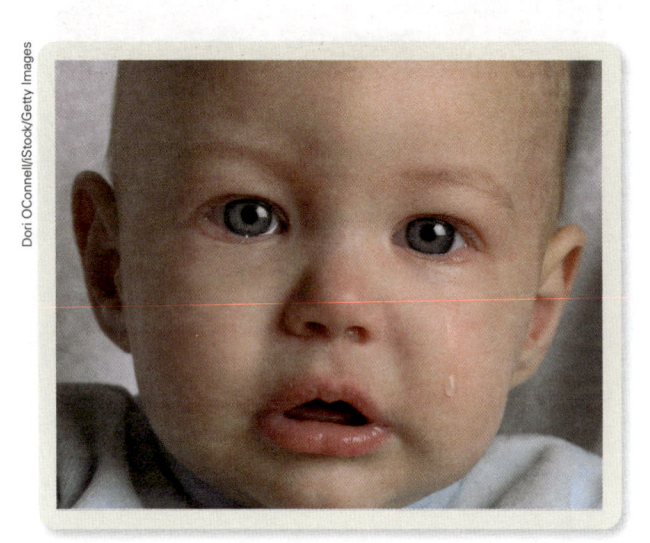

A lágrima é um líquido transparente e levemente salgado que lubrifica continuamente os olhos. A produção de lágrimas aumenta quando os olhos ficam irritados (por causa da entrada de poeira, por exemplo) ou quando choramos por dor física ou emoções intensas.

A lágrima lubrifica os olhos.

Por serem tão sensíveis, os olhos precisam de cuidados. Conheça alguns deles.
- Evite coçar os olhos, pois isso pode irritá-los.
- Use colírio somente com a orientação de um médico.
- Ao sentir irritação nos olhos, dores de cabeça frequentes ou dificuldades para ler, procure um oftalmologista.

1 Observe a foto. Por qual estrutura entra no olho a luz que nos permite enxergar? Explique como ela funciona.

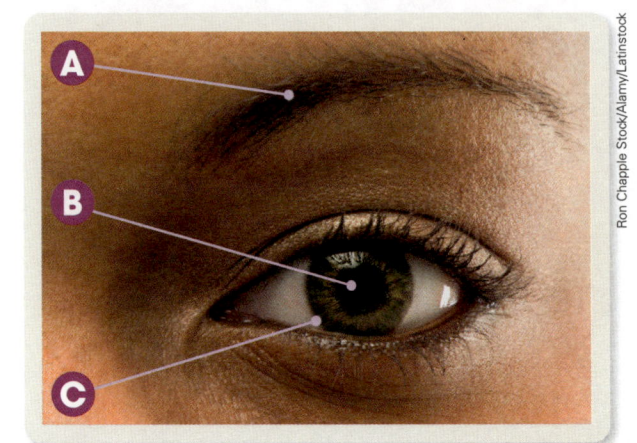

_____

_____

_____

_____

_____

_____

2 Anahí chegou atrasada a uma sessão de filme na escola. Quando entrou na sala, não conseguia enxergar quase nada. Pouco depois, ela passou a enxergar melhor e pôde escolher um lugar para se sentar. Por que isso aconteceu?

Alunos guarani-kaiowá assistindo a filme em escola. Amambai, MS. Foto de 2012.

___
___
___
___
___

3 Observe as fotos e responda, em dupla, à questão a seguir.

Pé de milho brotando.

Filhote de tamanduá-mirim.

■ Esses seres precisam de energia para crescer e sobreviver. Qual a fonte de energia usada por cada um? Qual o tipo de energia dessas fontes?

___
___
___
___

A luz e as sombras

Você já brincou de teatro de sombras? Como você produziu as sombras?

A sombra se forma quando a passagem dos raios de luz é interrompida por um objeto. Para que um **objeto** produza sombra, é necessário haver uma **fonte luminosa** (como o Sol, uma vela acesa ou um abajur ligado) e um **anteparo**, local onde a sombra será projetada (como uma parede, o chão ou uma tela). Também é preciso que o objeto esteja posicionado entre a fonte de luz e o anteparo, como na foto abaixo.

A sombra se forma sempre do lado oposto ao da fonte de luz.

Mas será que qualquer objeto é capaz de bloquear a luz?

Alguns materiais permitem a passagem da luz através deles. Podemos classificar os materiais de acordo com a forma como a luz os atravessa.

- Materiais **opacos**, como a madeira ou o metal, bloqueiam totalmente a passagem da luz. Por isso, não enxergamos o que está atrás deles. Também por isso eles formam sombra.
- Materiais **transparentes**, como os vidros do carro ou as lentes de óculos, deixam a luz passar sem interferir muito na direção dela. Por isso, podemos enxergar através dos materiais transparentes.
- Materiais **translúcidos**, como o papel vegetal ou o vidro fosco, deixam os raios de luz passar, mas afetam a direção deles de forma "desorganizada". Por isso, não podemos enxergar com **nitidez** o que está atrás deles.

Ao iluminar a estrela de papel, a menina projeta a sombra do objeto na parede.

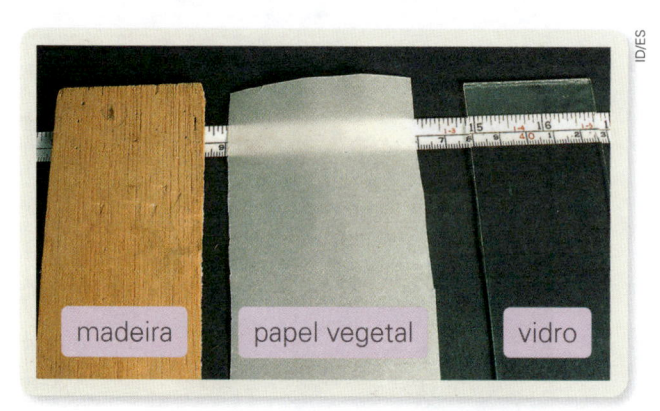

A madeira é um material opaco e o papel vegetal é translúcido. É possível enxergar a trena com clareza apenas através do vidro, que é um material transparente.

Nitidez: clareza, limpidez.

1 Olhe a sua volta e procure objetos feitos de materiais opacos, translúcidos e transparentes. Escreva o nome desses materiais no caderno, classificando-os.

2 Manuel está reformando seu banheiro e quer um boxe que mostre com pouca nitidez quem está tomando banho.

a. Identifique a característica dos vidros dos boxes abaixo.

_____   _____

b. Qual deles Manuel deve escolher? Por quê?

_____

_____

_____

_____

➕ SAIBA MAIS

O tamanho das sombras

Você pode mudar o tamanho da sombra variando, por exemplo, a distância entre a fonte de luz e o objeto.

Para aumentar a sombra, aproxime a fonte de luz do objeto (**A**). Para diminuí-la, é só afastar a fonte de luz do objeto (**B**).

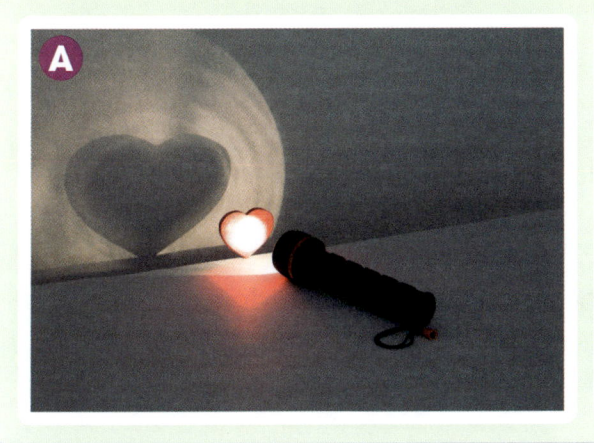

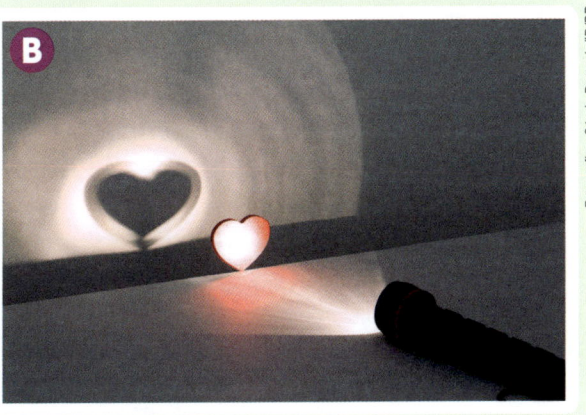

61

Agora já sei!

1 O Sol, as lâmpadas e as lanternas são exemplos de fontes de energia luminosa. Certos seres vivos também emitem luz. Confira dois exemplos nas fotos abaixo.

Imagens sem proporção de tamanho entre si.

Alguns seres vivos são capazes de gerar energia luminosa. É o que acontece com o vaga-lume (foto da esquerda) e com certos peixes que vivem em regiões profundas do oceano (foto da direita).

Que tipo de energia é transformada para gerar energia luminosa:

a. na lâmpada?

_____

b. na lanterna?

_____

c. nos seres vivos?

_____

2 Leia estas frases e reescreva as que estiverem incorretas, corrigindo-as.

a. Existem diferentes formas de energia, e elas não podem se transformar de uma forma em outra.

_____

b. O Sol é a principal fonte de energia térmica e luminosa da Terra.

_____

c. As plantas não se alimentam e, por isso, não precisam de energia.

_____

3 Observe estas fotos e responda às questões a seguir.

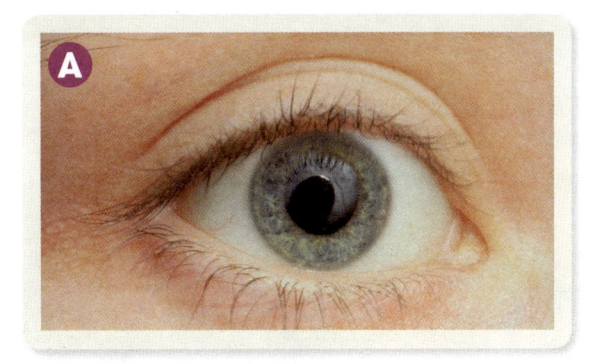

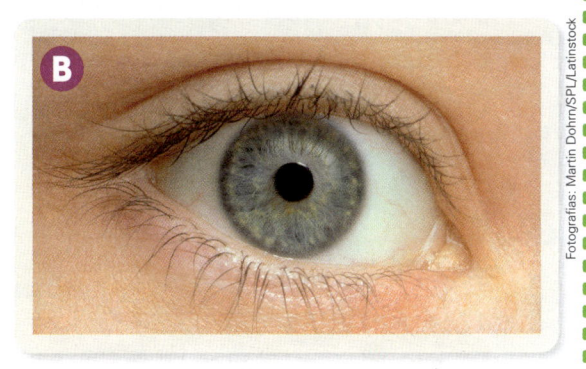

A

B

■ Qual dessas fotos pode ser a de uma pessoa que acabou de sair de um quarto escuro? Por quê?

_____
_____
_____

4 Marta quer projetar a sombra de um boneco na parede da sala. A fonte de luz está ligada, porém a sombra não foi produzida.

■ O que há de errado na montagem de Marta?

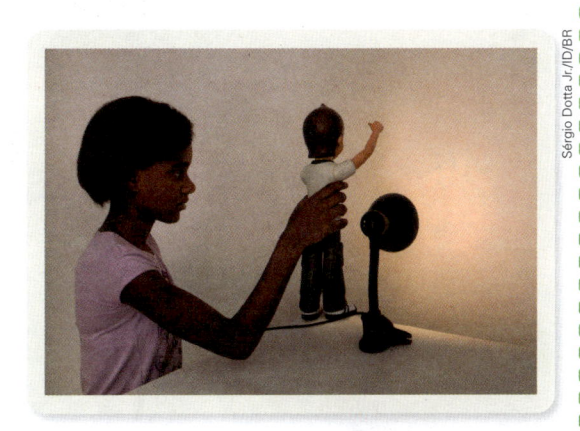

_____
_____
_____
_____

5 Observe os elementos da foto ao lado. Agora, compare com primeira foto da página 60 e identifique qual é a fonte de luz, o objeto e o anteparo nessa situação.

a. Fonte de luz: _____

b. Objeto: _____

c. Anteparo: _____

63

CAPÍTULO 2 — Calor

Observe a cena retratada na ilustração a seguir.

1 Que situação está representada na imagem?

2 Quais elementos você observou para identificar o que está acontecendo?

3 Nessa ilustração, algumas situações exageradas foram incluídas para tornar a cena mais engraçada. Quais são essas situações?

4 O que as pessoas estão fazendo para amenizar o desconforto que sentem? O que você faria nessa situação?

Energia térmica e calor

A **energia térmica** é uma forma de energia relacionada à temperatura dos corpos. Uma caneca com uma bebida quente, por exemplo, possui mais energia térmica do que a mesma caneca com uma bebida fria.

Quando dois objetos de diferentes temperaturas se encostam, o corpo mais quente transfere energia térmica para o corpo mais frio, até que a temperatura dos dois fique igual. Nesse momento, a transferência de energia térmica para de ocorrer. Essa energia transferida de um corpo a outro, devido à diferença de temperatura, é chamada **calor**.

A energia térmica da bebida quente passa para a caneca, e da caneca para as mãos da jovem.

⊕ SAIBA MAIS

Medir a temperatura

Podemos perceber variações de temperatura por meio do tato. Ao tomarmos um suco que foi mantido na geladeira por algum tempo, sentimos que ele está gelado, assim como podemos sentir o sol aquecer a nossa pele.

Imagens sem proporção de tamanho entre si.

O tato não fornece, porém, uma medida precisa de temperatura. Para saber a temperatura do nosso corpo ou do ambiente, devemos usar um termômetro. Veja nestas fotos dois tipos de termômetro.

O termômetro clínico, quando em contato com a pele, mede a temperatura do corpo.

O termômetro de rua mede a temperatura do ar nas ruas das cidades.

▪ Fontes de calor

O **Sol** é a principal fonte de calor para a Terra.

No interior do Sol ocorrem transformações que liberam muita energia. Essa energia térmica atinge a superfície do nosso planeta, aquecendo-a. Tal aquecimento garante temperaturas adequadas para a existência das diversas formas de vida na Terra.

Foto do Sol obtida pelo satélite Observatório de Dinâmica Solar, em 2013.

O **interior da Terra** também é uma fonte de calor para a superfície do planeta. As fontes termais e os vulcões indicam que as camadas internas são bem quentes.

A energia térmica do interior da Terra pode aquecer águas subterrâneas. Em certos locais, essa água vem à superfície, como em Potosí, Bolívia.

A **energia elétrica** pode ser transformada em energia térmica. É o que acontece, por exemplo, com o ferro elétrico.

Quando pensamos em uma fonte de luz e de calor, também podemos nos lembrar do **fogo**.

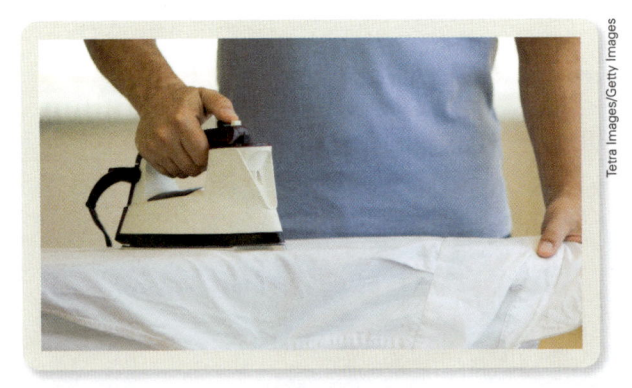

O ferro de passar roupa transforma a energia elétrica em energia térmica.

O fogo possui grande quantidade de energia térmica.

Atenção
Nunca se aproxime do fogo. Você pode sofrer queimaduras graves.

1 Observe a cozinheira derretendo chocolate para fazer doces.

■ Como o chocolate pode ter derretido se a panela onde ele estava não foi colocada no fogo, mas dentro da panela com água?

_____
_____
_____

2 Leia este texto com um colega e, juntos, respondam às questões.

Estudo da Nasa (Agência Espacial Norte-Americana) indica que, entre 1999 e 2010, pequenos incêndios abaixo das copas das árvores na Amazônia destruíram mais de 85,5 mil quilômetros quadrados de floresta. Isso é quase o mesmo tanto que foi desmatado na região brasileira de 2005 a 2012 [...]. Estes incêndios [...] representam 2,8% da floresta.

Queimada na floresta Amazônica. Zé Doca, MA. Foto de 2015.

A equipe [...] descobriu que ocorrem queimadas nos arbustos e nas plantas que crescem abaixo das copas das árvores. E que elas [as queimadas] não estão ligadas ao desmatamento. [...]

Com pouca umidade à noite, a floresta tropical "acostumada" com água fica suscetível a pegar fogo a partir de acampamentos, pessoas cozinhando, cigarros, [...] queima de dejetos agrícolas e uma variedade de ações humanas [...].

UOL Notícias, 10 jun. 2013. Disponível em: <http://linkte.me/l3x1d>. Acesso em: 3 jun. 2016.

a. O que pode ter provocado os incêndios citados no texto e o da foto?

_____
_____

b. Quais consequências as queimadas trazem aos seres vivos?

Efeitos do calor

A variação na quantidade de energia térmica de um objeto pode causar certas transformações em seu material. Alguns desses efeitos são: variação de temperatura, mudança de estado físico e dilatação térmica.

■ Variação de temperatura

Quando a quantidade de energia térmica de um material aumenta, sua temperatura também pode aumentar. É o que acontece quando uma chaleira com água é colocada sobre uma chama. Em pouco tempo, parte da energia térmica da chama é transferida para a chaleira, que, por sua vez, transfere energia térmica para a água, aquecendo-a.

A água colocada nessa chaleira estava à temperatura de 20 °C.

Alguns minutos depois, a temperatura da água subiu para 70 °C.

Ao apagar a chama, o aquecimento da chaleira é interrompido. A energia térmica é, então, transferida da água e da chaleira para o ar do ambiente. Aos poucos, a temperatura da água diminui.

■ Mudança de estado físico

De acordo com a quantidade de energia recebida ou perdida por um material, pode haver mudança de estado físico. Por exemplo, ao nível do mar, a cerca de 100 °C, a água entra em ebulição, que é uma mudança do estado líquido para o estado gasoso.

Se colocarmos a água líquida no congelador, ela vai esfriar e, quando estiver a aproximadamente 0 °C, passará para o estado sólido.

A mudança de estado físico provocada pela variação da energia térmica é um fenômeno muito importante nas usinas siderúrgicas, onde o ferro é aquecido até derreter, para, em seguida, ser moldado.

▪ Dilatação térmica

Há objetos que dilatam, ou seja, aumentam de tamanho quando aquecidos. Isso acontece porque o material de que são feitos sofre dilatação térmica.

Alguns materiais dilatam mais que outros.

A tampa metálica aquecida pode dilatar, facilitando a abertura do pote de vidro.

1 Leia este texto e responda às questões a seguir.

> O termômetro clínico é usado para medir a temperatura corporal. Em geral, ele é formado por dois tubos de vidro fechados nas duas extremidades. O tubo mais largo tem em seu interior outro tubo, bem fino, preenchido por um líquido (em geral, mercúrio ou álcool). Esse tubo interno apresenta uma escala – no Brasil, geralmente, em graus Celsius (°C).
>
> É na extremidade do tubo, no bulbo, que fica armazenada a maior parte do líquido. Para medir a temperatura, o bulbo do termômetro é colocado em contato com o corpo da pessoa. O calor aquece o líquido, que então aumenta de volume e preenche parte do tubo acima do bulbo. A medida da temperatura é feita com base na altura que o líquido atinge.

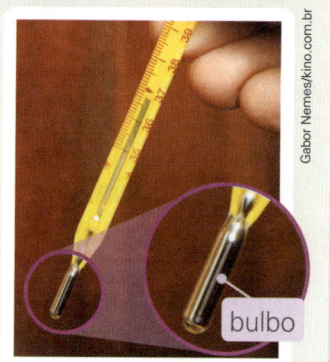

Texto para fins didáticos.

a. O texto informa que o líquido aumenta de volume quando a temperatura sobe. Qual o nome desse efeito?

_____

b. As fotos mostram um termômetro usado para medir a temperatura de uma pessoa em dois dias diferentes.

• Em que dia a temperatura estava maior? Como você sabe?

_____
_____
_____

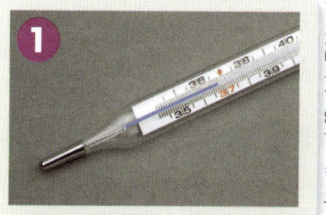

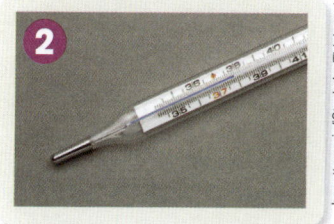

Materiais condutores de calor

Os **materiais bons condutores de calor** são aqueles que se aquecem ou resfriam rápido, pois transferem a energia térmica facilmente. Os metais, como ouro, alumínio, ferro e cobre, são exemplos desses materiais.

Já a madeira, a cortiça, a borracha, o algodão, a lã, o isopor e certos plásticos são exemplos de **materiais maus condutores de calor**, pois transferem a energia térmica mais lentamente.

Objetos feitos de materiais bons condutores de calor.

Objetos feitos de materiais maus condutores de calor.

Os materiais são utilizados para diferentes fins, de acordo com a propriedade de conduzir bem ou mal o calor.

Bons condutores de calor, como o alumínio, são usados para fazer panelas, por exemplo. Assim, a energia térmica da chama do fogão é rapidamente conduzida ao alimento.

Já o cabo das panelas é geralmente feito de materiais maus condutores de calor, como madeira ou certos tipos de plástico. Dessa forma, podemos segurar uma panela quente pelo cabo sem queimar a mão.

plástico resistente ao calor

alumínio

As chaleiras e as leiteiras são feitas de materiais bons condutores de calor, mas seus cabos são feitos de materiais maus condutores de calor.

➕ SAIBA MAIS

Conservando a temperatura

A lã e outros materiais usados para fazer cobertores e blusas são maus condutores de calor. Esses materiais não aquecem o corpo. Eles apenas impedem que a energia térmica produzida pelo corpo seja transferida para o ambiente.

Com o avanço do conhecimento tecnológico, novos materiais são pesquisados e produzidos de acordo com as necessidades de conforto e segurança das pessoas. As roupas dos mergulhadores, por exemplo, dificultam a transferência de energia térmica do corpo para a água e permitem que eles nadem em águas com baixas temperaturas.

Os mergulhadores usam roupas que dificultam a perda de calor.

1 Observe o ferro elétrico da foto e responda às questões.

a. Que material foi usado para fabricar a parte que fica em contato com a roupa? E a parte que fica em contato com a mão?

_____
_____

b. Os materiais do ferro de passar são adequados para a utilidade que ele tem? Por quê?

_____
_____
_____

2 Observe esta ilustração e responda às questões a seguir.

a. Para transportar uma torta gelada até a casa de sua avó, mantendo a temperatura, qual desses recipientes a menina deve usar? Explique.

_____
_____
_____

b. Imagine que, em outro dia, a menina queira levar uma torta que acabou de sair do forno e que deve ser servida quente. Qual dos recipientes ela deve usar? Explique.

_____
_____

3 Em grupo, leiam o texto abaixo, analisem o esquema da ilustração e depois respondam às questões.

> [...]
> Quando o Sol ilumina e aquece a gente, está enviando energia – a energia solar. Esta pode ser transformada em outros tipos de energia, como a energia elétrica, que gera a eletricidade necessária para acender a lâmpada. No Brasil, a energia solar é abundante, embora não seja suficiente para atender diretamente as necessidades do dia a dia de uma cidade. Mas há situações em que a energia solar pode ser usada com grande vantagem. [...]
> Para a água do banho soltar aquela fumacinha é comum usarmos um chuveiro elétrico ou um aquecedor a gás. Mas, em muitas regiões do país, onde faz muito calor, o Sol pode servir para esquentar a água. [...]
> Existem várias formas de construir um aquecedor solar de uso residencial. Em geral, o modelo mais usado no Brasil é feito de placas especiais, chamadas coletores solares, e de duas caixas-d'água [...]. Normalmente, as placas coletoras são feitas de cobre ou alumínio e cobertas por vidro. [...]

Gilberto de Martino Jannuzzi. Energia solar: uma solução eletrizante. Disponível em: <http://linkte.me/smur0>. Acesso em: 5 fev. 2016.

■ Observem o esquema abaixo, que mostra o funcionamento de um aquecedor solar de água.

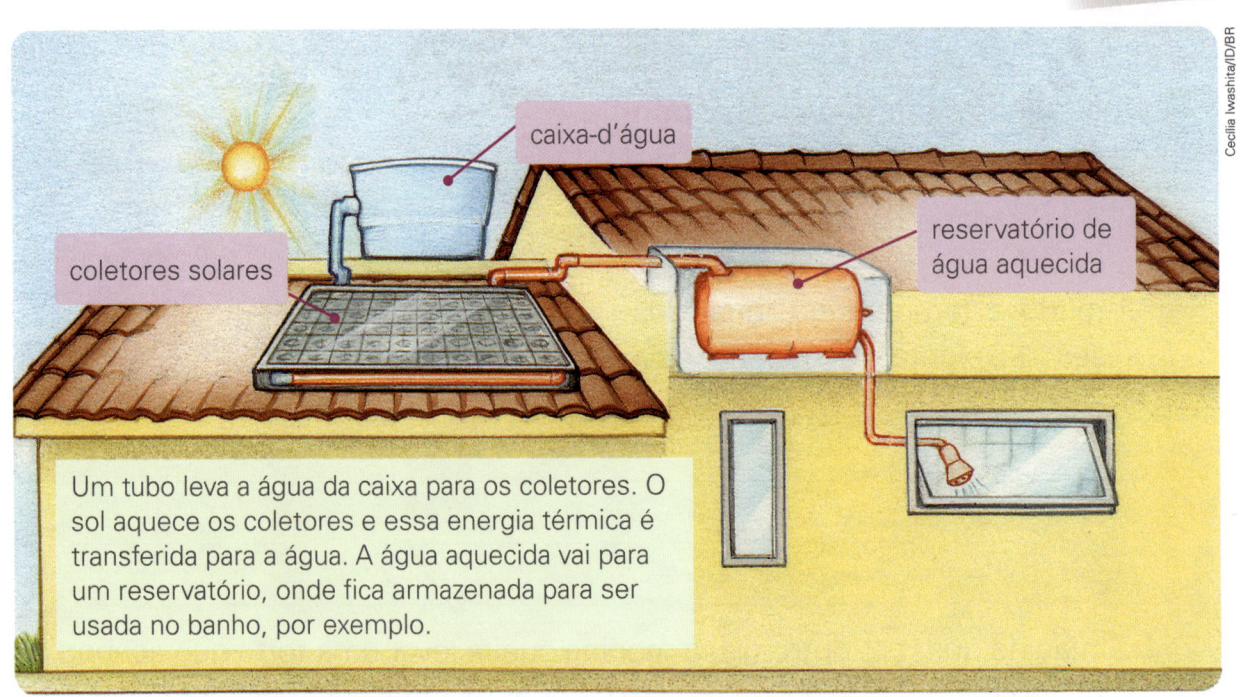

Imagens sem proporção de tamanho entre si.

caixa-d'água

reservatório de água aquecida

coletores solares

Um tubo leva a água da caixa para os coletores. O sol aquece os coletores e essa energia térmica é transferida para a água. A água aquecida vai para um reservatório, onde fica armazenada para ser usada no banho, por exemplo.

a. Nas casas com aquecedor solar, há economia de energia elétrica? Por quê?

b. Em geral, o reservatório de água aquecida é revestido com um material mau condutor de calor. Por que isso é necessário?

4 A cozinheira vai preparar uma feijoada. Ela decidiu usar uma panela de alumínio para cozinhar o feijão. Depois de pronta, a feijoada será levada à mesa em uma travessa de cerâmica. A cozinheira sabe que, assim, a feijoada se conservará quente por mais tempo.

a. De acordo com o enunciado acima, a cerâmica é um material bom ou mau condutor de calor? Explique.

_____

_____

b. Encontre, no enunciado, o nome de um material bom condutor de calor.

_____

🔧 Na prática

Descongelando cubos de gelo

Descubra como um cubo de gelo é descongelado mais rapidamente: coberto ou descoberto.

Você vai precisar de: dois cubos de gelo do mesmo tamanho, dois pratos fundos, uma peça de roupa de lã (meia, blusa, etc.).

Experimente

1. Coloque um cubo de gelo em cada prato e cubra somente um deles com a lã.
2. A cada 5 minutos, levante a lã do cubo coberto e verifique qual dos dois cubos está mais derretido. Depois, volte a cobrir o mesmo cubo.
3. Considere o experimento finalizado quando um dos cubos estiver totalmente derretido.

Responda

1. Qual dos cubos derreteu mais rápido? Por quê?
2. Você esperava esse resultado?
3. Explique o resultado obtido. A lã é um bom ou um mau condutor de calor?

Agora já sei!

1 Leia estes quadrinhos e responda à questão a seguir.

> ESTÁ TÃO FRIO! PRECISO DE UM COBERTOR BEM QUENTE.

> O COBERTOR NÃO É QUENTE. SE FOSSE ASSIM, O ARMÁRIO SERIA O LUGAR MAIS QUENTE DA CASA.

> É, MAS EU NÃO SINTO FRIO QUANDO DURMO COM COBERTOR.

> É VERDADE. SÓ QUE O COBERTOR NÃO ESQUENTA SEU CORPO.

■ Por que não sentimos frio ao dormir com cobertor?

_____
_____
_____

2 O pai de Caio cozinhou ovos para preparar uma salada de maionese.

a. O que ele pode fazer para resfriar os ovos antes de descascá-los?

_____
_____
_____

b. Considerando sua resposta ao item **a**, há transferência de energia térmica? Para onde é transferida a energia térmica dos ovos?

_____
_____
_____
_____

3 Fernanda desafiou César. Ela colocou uma moeda na palma da mão e fechou-a, segurando a moeda por alguns minutos. Depois, colocou a moeda sobre a mesa, ao lado de outra moeda idêntica. Observe a cena ao lado.

DESAFIO VOCÊ A DESCOBRIR QUAL DESSAS MOEDAS ESTAVA NA MINHA MÃO.

POSSO FAZER ISSO USANDO O TATO!

- Converse com o colega. Como César pode, com o tato, descobrir qual moeda estava na mão de Fernanda?

_____
_____
_____

4 Para fazer um brigadeiro, o cozinheiro deverá separar os utensílios necessários. Sabendo que a receita prevê a mistura dos ingredientes em fogo baixo, sem parar, por 15 minutos:

a. Circule abaixo a(s) panela(s) e a(s) colher(es) que ele poderá utilizar.

b. Explique sua escolha.

_____
_____

c. Depois de pronto, para que o brigadeiro esfrie mais rápido, sem colocá-lo na geladeira, o que o cozinheiro pode fazer?

_____
_____

CAPÍTULO 3 — Eletricidade e magnetismo

Em meio a uma forte tempestade que deixou a casa na escuridão, Artur e Sofia conversam sobre a importância da eletricidade. Leia a seguir um trecho da conversa deles.

– Eu que gosto tanto de pão com manteiga torrado! Sem a torradeira elétrica vai ficar difícil. E depois vai ser impossível esquentar o leite no micro-ondas.

Ouviu-se um novo barulho de trovão. Sofia estremeceu:

– Legal. Vamos ser obrigados a ir para a escola de patins. Na rua, nenhum veículo vai circular: sem eletricidade na bateria, nem carros e ônibus podem funcionar...

[...]

– No supermercado, nenhuma caixa registradora funcionaria. Imagine os pobres funcionários fazendo contas que não acabam mais...

– Pense um pouco em tudo o que gostamos e que não vai mais funcionar: a televisão, o computador, o *video game* [...].

– À noite, seria ainda mais complicado [...].

[...]

– Sabem – disse a mãe de Artur –, os homens viveram muito tempo sem eletricidade. Nós poderíamos passar sem ela, mas seria muito difícil: teríamos que mudar tantos hábitos!

Philippe Nessmann. *Eletricidade*. São Paulo: Companhia Editora Nacional, 2012. p. 26-27.

1 Encontre no texto ações que podem ser realizadas mesmo sem eletricidade.

2 De acordo com o pensamento das crianças do texto, a eletricidade gerada por baterias também acabaria. Você concorda com isso? Que equipamentos utilizam pilhas e baterias?

3 Como as crianças poderiam ir para a escola se a eletricidade acabasse?

4 Por que Sofia diz que à noite seria mais complicado?

5 Forme um grupo com dois colegas e reflitam: Que hábitos vocês teriam que mudar se a eletricidade acabasse?

De onde vem a energia elétrica?

Por volta do fim do século XIX, o ser humano começou a gerar energia elétrica. A partir disso, o modo de vida das pessoas mudou bastante. Mas de onde vem a energia elétrica que usamos?

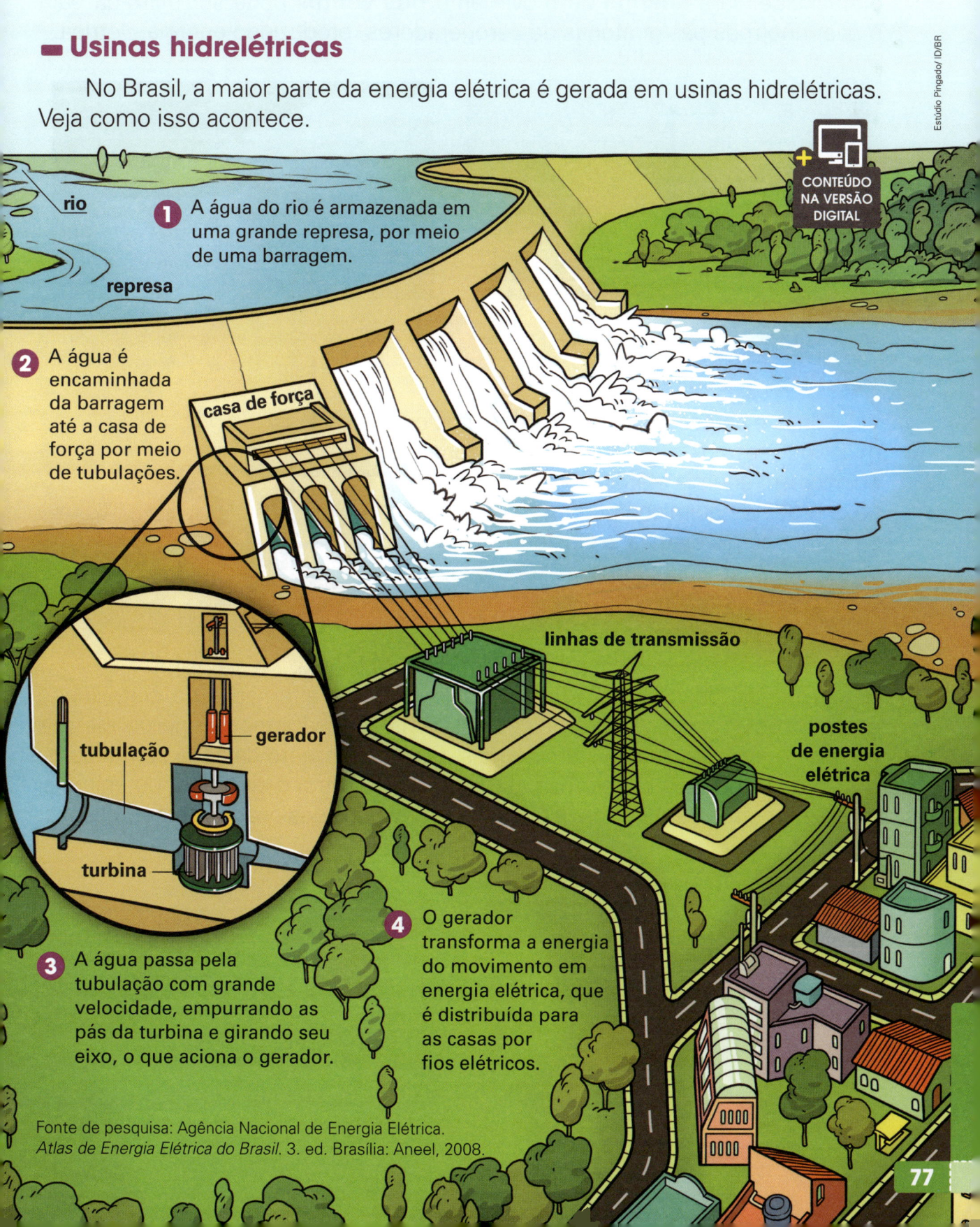

▪ Usinas hidrelétricas

No Brasil, a maior parte da energia elétrica é gerada em usinas hidrelétricas. Veja como isso acontece.

rio

1 A água do rio é armazenada em uma grande represa, por meio de uma barragem.

represa

2 A água é encaminhada da barragem até a casa de força por meio de tubulações.

casa de força

tubulação

gerador

turbina

linhas de transmissão

postes de energia elétrica

3 A água passa pela tubulação com grande velocidade, empurrando as pás da turbina e girando seu eixo, o que aciona o gerador.

4 O gerador transforma a energia do movimento em energia elétrica, que é distribuída para as casas por fios elétricos.

Fonte de pesquisa: Agência Nacional de Energia Elétrica. *Atlas de Energia Elétrica do Brasil*. 3. ed. Brasília: Aneel, 2008.

▬ Fontes alternativas de energia

Além da utilização de rios para a geração de energia elétrica, também é possível aproveitar outros recursos naturais abundantes no Brasil.

A **energia do Sol** pode ser captada em placas solares e transformada em eletricidade. Já a **energia** de movimento **dos ventos** pode ser utilizada para mover enormes pás giratórias de aerogeradores, produzindo energia elétrica.

Sequência de aerogeradores, BA, 2014.

Painéis de captação de energia solar, AM, 2015.

▬ Pilhas e baterias

Pilhas e baterias armazenam produtos químicos que se transformam e convertem energia química em energia elétrica. Ao serem usadas, seus produtos químicos perdem a capacidade de gerar energia elétrica, e elas deixam de funcionar. Mas há algumas pilhas e baterias que podem ser carregadas com energia elétrica.

Os produtos químicos presentes em pilhas e baterias são tóxicos e poluem o ambiente. Por isso, após o uso, elas devem ser descartadas em locais específicos.

Impactos para geração de energia elétrica

A energia dos ventos é um exemplo de fonte alternativa de eletricidade que gera pouco impacto ao ambiente. Porém, muitas fontes de energia elétrica causam grandes alterações ambientais. O represamento da água para a construção de uma usina hidrelétrica, por exemplo, destrói o ambiente de animais, plantas e outros seres vivos, além de determinar o deslocamento de pessoas.

Distrito de Sobradinho, BA, em 1974, antes da construção da usina hidrelétrica.

Vista da barragem e da usina hidrelétrica de Sobradinho, em 2012.

▬ Relâmpagos

Como os relâmpagos estão relacionados à eletricidade? Os **relâmpagos** são descargas elétricas intensas que acontecem na atmosfera. Quando essa descarga elétrica atinge o solo, é chamada de **raio**. O **trovão** é o ruído característico do relâmpago e do raio.

Os para-raios são equipamentos que recebem descargas elétricas da atmosfera e as conduzem para o solo de forma segura. Geralmente, esses equipamentos são colocados no alto, em cima de prédios, impedindo que os raios atinjam as construções.

Raio no céu noturno de Londrina, PR. Foto de 2013.

1 Faça uma pesquisa sobre as diferentes formas de obtenção de energia elétrica, utilizando jornais, revistas, livros e internet. Escolha uma delas, preferencialmente algum exemplo que não tenha sido discutido no livro, e anote abaixo as informações solicitadas. Depois, compartilhe suas descobertas com os colegas da turma.

- Fonte de energia: _____

- Vantagens: _____

- Desvantagens: _____

@ http://linkte.me/i63vd
Site do Grupo de Eletricidade Atmosférica (Elat), do Instituto Nacional de Pesquisas Espaciais (Inpe). Nesse endereço, é possível acessar a *Cartilha de proteção contra raios* e saber diversas curiosidades sobre os raios, como a duração deles. Acesso em: 12 fev. 2016.

A energia elétrica no dia a dia

A energia elétrica produzida em uma usina é transmitida por fios que chegam às cidades e ao campo. Os fios são sustentados por torres e postes e chegam a casas, escolas, lojas e hospitais, por exemplo.

Dentro dessas construções também existem fios que distribuem a eletricidade para vários pontos, como tomadas e interruptores.

Postes e fios de transmissão de energia em Boa Vista, RR. Foto de 2012.

▪ Materiais condutores de eletricidade

Os materiais que facilitam a passagem da eletricidade, como cobre, ferro e alumínio, são chamados de **bons condutores de eletricidade**.

Já a borracha, o plástico, o couro e a cerâmica são materiais que dificultam a passagem da eletricidade e, por isso, são conhecidos como **maus condutores de eletricidade**.

Essas características dos materiais são consideradas na hora de produzir fios e outros produtos que entram em contato com a energia elétrica.

A parte interna dos fios elétricos é feita de cobre, um bom condutor de eletricidade. Externamente, eles são revestidos por certo tipo de plástico, um material mau condutor de eletricidade.

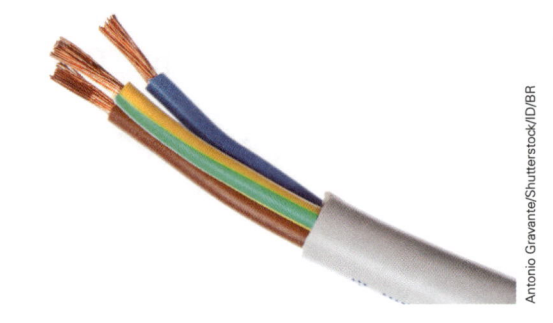

Nos fios elétricos, a parte interna é de cobre e a parte externa é de plástico.

Ferramentas usadas por eletricistas têm cabo revestido de plástico ou borracha, como esse alicate.

O plástico e a borracha são utilizados para revestir o cabo de alicates, chaves de fenda e outras ferramentas usadas por adultos para efetuar reparos de aparelhos e fios elétricos. Isso impede que a eletricidade passe para o corpo da pessoa que utiliza a ferramenta, evitando choques elétricos e prevenindo acidentes.

Cuidados com a energia elétrica

A energia elétrica é usada em diversos equipamentos e para os mais variados fins. Ela proporciona uma série de benefícios e facilidades; entretanto, pode causar queimaduras, incêndios, choques elétricos e até mesmo levar à morte.

Observe alguns cuidados que devemos ter para prevenir acidentes com a energia elétrica.

- Não colocar o dedo nem introduzir objetos nas tomadas.
- Não tocar em fios elétricos soltos ou desencapados.
- Não ligar vários equipamentos na mesma tomada.
- Manter aparelhos elétricos longe de pias, chuveiros ou superfícies molhadas. A presença de água aumenta o risco de choques elétricos.
- Nunca empinar pipas perto de fios da rede elétrica. Também não usar materiais metalizados para fazer pipas, pois muitos conduzem eletricidade.
- Nunca tentar recuperar pipas ou outros objetos enroscados em fios elétricos.
- Nunca entrar em estações de energia. Nesses locais, existem aparelhos que podem causar choques muito intensos.

O protetor de tomadas evita acidentes.

Criança empina pipa longe de fios em parque da cidade de São Paulo. Foto de 2014.

Estação secundária de energia elétrica em Betim, MG. Foto de 2012.

1 Junte-se a três colegas para produzir um cartaz sobre como evitar acidentes com a energia elétrica. Vocês deverão:

- escolher cuidados e criar frases e desenhos para retratá-los;
- ensaiar a apresentação do cartaz, definindo o texto e a ordem das falas;
- combinar uma data com o professor para divulgar o cartaz na escola.

■ Economia de energia elétrica

O consumo de energia elétrica aumenta a cada ano. Entretanto, muitas vezes essa energia é desperdiçada. É o que acontece quando a televisão fica ligada e não há ninguém assistindo, ou quando a lâmpada de um cômodo permanece acesa sem que seja necessário.

Esse desperdício custa dinheiro ao consumidor e cria a necessidade de gerar cada vez mais energia, além do que realmente seria preciso. Para suprir o consumo, novas usinas hidrelétricas são construídas, inundando áreas que poderiam ser habitadas e causando graves impactos ambientais.

Há muitas maneiras de economizar energia elétrica. Veja algumas a seguir.

- Evite acender lâmpadas durante o dia. Abra portas e janelas, aproveitando a luz natural.
- Abra a geladeira somente quando for necessário.
- Não coloque alimentos quentes na geladeira. Isso faz com que se gaste mais energia para resfriar o que está lá dentro.
- No banho, desligue o chuveiro ao se ensaboar ou passar produtos nos cabelos.
- Evite tomar banhos demorados.

2 Como a energia gerada nas usinas chega até sua casa?

_____
_____
_____

3 Uma das ferramentas utilizadas por adultos para reparo de fios elétricos é o alicate. É recomendado o uso do alicate da imagem ao lado para esse tipo de conserto? Justifique sua resposta.

_____
_____
_____
_____

4 Leia este texto e responda às questões.

No verão, o Sol nasce mais cedo e se põe mais tarde.

Entre os meses de outubro e fevereiro, alguns estados brasileiros adiantam o horário do relógio em uma hora. Esse período é conhecido como **horário de verão**.

Nesses meses, as pessoas realizam mais atividades durante a fase iluminada do dia, aproveitando a luz do Sol. As luzes das casas e das ruas demoram mais para serem acesas porque escurece mais tarde.

O horário de verão não é adotado em todo o país. Ele vigora apenas nos estados que estão coloridos de verde-escuro neste mapa.

Texto para fins didáticos.

Fonte de pesquisa do mapa: Portal EBC. Disponível em: <http://linkte.me/xkcmf>. Acesso em: 12 fev. 2016.

a. Explique por que é possível economizar energia elétrica no horário de verão.

_____
_____
_____

b. Existe horário de verão no estado em que você vive? Em caso afirmativo, o horário de verão modifica sua rotina?

_____
_____
_____
_____

5 Você desperdiça energia elétrica? Reflita sobre isso.

a. No caderno, faça uma lista dos hábitos que você pode adotar para economizar energia elétrica.

b. Agora, escolha dois hábitos dessa lista e coloque-os em prática durante uma semana. Foi possível economizar energia com esses novos hábitos? Então, que tal convidar os colegas e os familiares a também adotá-los?

Magnetismo

Você já manipulou um ímã? Os ímãs atraem alguns materiais, como ferro, cobalto e níquel. Os materiais que contêm ferro, como o aço, também são atraídos por ímãs. Essa propriedade dos ímãs é chamada de **magnetismo**.

A magnetita é um mineral, descoberto há milhares de anos, capaz de atrair certos metais. Ela é um ímã natural.

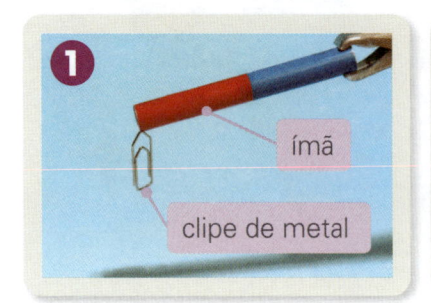

Sequência de fotos mostrando clipes sendo atraídos por um ímã.

Os objetos atraídos por ímãs podem se tornar ímãs temporários. Nas fotografias acima é possível perceber que, quando encostados em um ímã, os clipes são capazes de atrair outros clipes.

O ímã não atrai apenas os objetos que estão diretamente em contato com ele. Ao redor de um ímã há uma região onde ele ainda exerce magnetismo. Essa região é chamada de **campo magnético**.

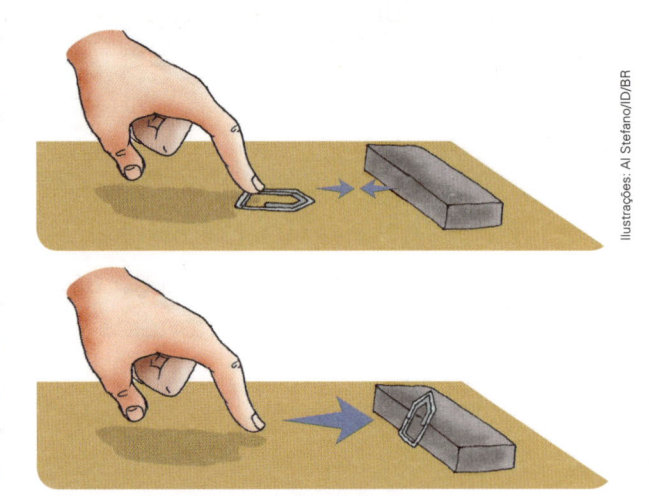

Esse ímã atrai um clipe próximo.

▪ Polos magnéticos

Todos os ímãs têm duas regiões, chamadas de **polos magnéticos**. Um deles é o polo sul e o outro é o polo norte.

Representação dos polos sul e norte de um ímã. As cores azul e vermelha foram usadas apenas para destacar esses polos nas imagens desta página e da página seguinte.

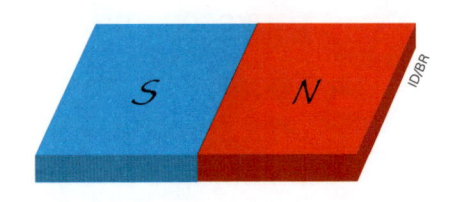

Se um ímã for quebrado em vários pedaços, cada pedaço terá um polo magnético sul e um polo magnético norte.

Quando dois ímãs são colocados próximos um do outro, eles podem se atrair ou se repelir. A atração acontece quando aproximamos dois polos diferentes. Mas, ao aproximarmos dois polos iguais, ocorre repulsão entre eles.

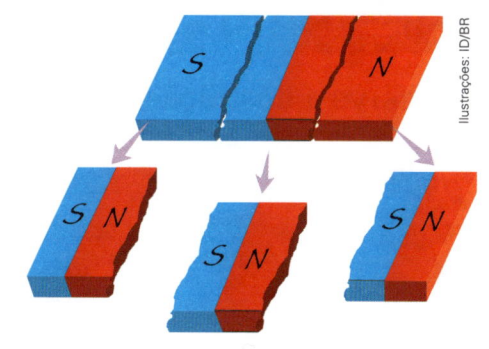

Ao dividir um ímã, obtemos ímãs menores, cada um com dois polos magnéticos: um polo sul e um polo norte.

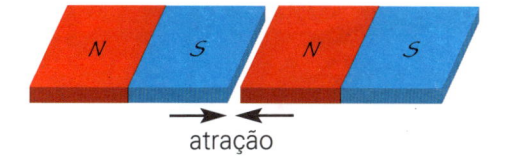

Representação da atração e da repulsão entre polos de dois ímãs.

+ SAIBA MAIS

Magnetismo e eletricidade

[...] na antiga Grécia já era conhecido o fato de que a magnetita podia atrair pedaços de ferro. Mesmo os termos magnetismo e magnetita têm origem um tanto obscura. Ao que parece [...] estão ligados à região de Magnésia, lugar da Grécia onde [...] suas propriedades foram descobertas.

Uma outra propriedade de uma barra de magnetita era de orientar-se na direção Norte-Sul. A descoberta desse fato parece pertencer aos chineses, que usavam barras de magnetita, como as bússolas modernas, para a navegação. Como isso é importante para o comércio, seu estudo tinha grande importância econômica. [...]

Norberto Cardoso Ferreira. Magnetismo e eletricidade. *Ciência Hoje das Crianças*. Disponível em: <http://linkte.me/s985u>. Acesso em: 12 fev. 2016.

1 Os polos de um ímã são inseparáveis. Marque com um **X** a figura que representa essa característica dos ímãs.

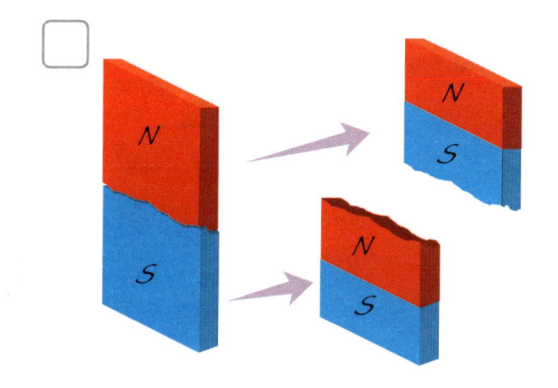

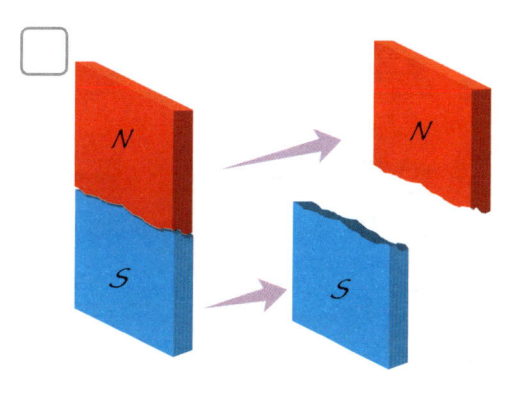

Agora já sei!

1 Observe a ilustração abaixo e responda às questões.

a. Nessa cena, identifique os aparelhos que precisam de eletricidade para funcionar.

_____

_____

b. Em sua opinião, todos os cuidados com a eletricidade estão sendo respeitados na cena? Por quê?

_____

_____

c. Se você estivesse presente nesse ambiente, o que faria para evitar o desperdício de energia elétrica?

_____

2 Leia o texto abaixo e responda às questões.

O **Selo Procel de Economia de Energia** é uma iniciativa do governo brasileiro para orientar o consumidor na compra de aparelhos que funcionam com eletricidade. Se o produto tem o selo Procel, significa que foi testado e apresenta os melhores níveis de economia de energia em sua categoria. Por exemplo: uma televisão com esse selo gasta menos energia para funcionar do que uma televisão sem esse selo. Isso incentiva a fabricação e a venda de equipamentos que economizam energia elétrica, ajudando a reduzir os prejuízos ambientais.

Texto para fins didáticos.

a. Antônio comprou uma geladeira para sua casa e preferiu a que levava o selo Procel. Escreva os benefícios dessa escolha para o ambiente.

_____
_____
_____
_____

b. Observe o selo da campanha. Atente à ilustração e pense no significado desse desenho. Converse sobre isso com os colegas.

3 Observe esta figura e responda às questões a seguir.

> COLOQUEI UM CLIPE DE AÇO DENTRO DESTE COPO COM ÁGUA. VOCÊ CONSEGUE TIRAR O CLIPE SEM RETIRAR A ÁGUA? NÃO VALE MERGULHAR NENHUM OBJETO NO COPO.

> EU SEI UM JEITO. POSSO USAR UM ÍMÃ?

a. O que a menina fará para retirar o clipe do copo?

_____
_____

b. Ela poderia utilizar o mesmo procedimento para retirar um botão de plástico? Por quê? _____

Vamos fazer!

Teatro de sombras

As sombras sempre encantaram o ser humano. Povos antigos usavam-nas para encenar histórias. Até hoje, o teatro de sombras é feito por grupos artísticos em diversos países.

Que tal montar o seu próprio teatro de sombras?

Do que vocês vão precisar

- uma caixa grande de papelão
- uma folha de papel vegetal
- uma lanterna média ou grande
- personagens das páginas 179 e 181
- palitos de picolé
- tesoura de ponta arredondada
- cola ou fita adesiva

Como fazer

1. Recorte as personagens das páginas 179 e 181. Utilizando a cola ou a fita adesiva, fixe um palito de picolé em cada uma delas.

2. Recorte um dos lados da caixa de papelão – o mais comprido –, como uma "moldura" de teatro. O lado oposto pode ser recortado completamente.

3. Recorte e cole um pedaço do papel vegetal de tamanho igual à parte interna da moldura na caixa de papelão.

4. Posicione a lanterna acesa atrás da moldura com papel vegetal, na parte oposta da caixa de papelão. Agora, apague as luzes e projete as sombras das personagens no papel vegetal.

Vamos fazer o registro

1. Reúna-se com dois colegas. Criem uma história, utilizando as personagens recortadas. Ela pode ser relacionada ao que vocês já estudaram. Se preferirem, criem novas personagens, utilizando papelão e palito de picolé como suporte para elas. Registrem a história no caderno e depois a representem para sua classe.

2. Em que local as personagens tiveram de ser colocadas para que suas sombras pudessem ser projetadas no papel vegetal? Como a distância das personagens em relação à lanterna altera o tamanho delas na tela? Converse com os colegas.

Observando o magnetismo

Os ímãs têm diversas aplicações.

Quais objetos são atraídos por ímã e quais não são atraídos? O que há em comum nos objetos atraídos por ímãs?

Do que vocês vão precisar

- um ímã
- pedaço de papel-alumínio
- pedaço de papel (você pode usar uma folha de rascunho)
- clipe para papel
- parafuso
- fio de cobre
- borracha
- bola de gude
- lápis
- pedra
- moedas de diversos valores
- palha de aço
- elástico
- areia

Como fazer

1. Coloque os materiais sobre uma mesa. Pense em quais objetos você acha que serão atraídos pelo ímã e quais não serão atraídos. Faça uma lista no caderno.

2. Teste seus palpites: aproxime o ímã de cada objeto e veja o que acontece. Depois, faça uma nova lista no caderno.

Vamos fazer o registro

1 Quais objetos foram atraídos pelo ímã e quais não foram?

2 A ideia que você tinha sobre a atração dos objetos ao ímã foi confirmada?

3 Separe os objetos que são atraídos por ímãs dos objetos que não são. De que material são feitos os objetos atraídos pelo ímã?

O que aprendi?

1 Paulo deixou uma colher de metal dentro de uma xícara de café com leite quente. Observe as figuras abaixo.

> ESTÁ MUITO QUENTE. VOU ESPERAR UM POUCO.

> POR QUE O CABO DA COLHER ESTÁ QUENTE? ELE NÃO FICOU MERGULHADO NO CAFÉ COM LEITE!

a. Que resposta você daria à pergunta de Paulo?

_____
_____
_____

b. O cabo também ficaria quente se fosse feito de plástico? Por quê?

_____
_____
_____

2 A figura a seguir representa três ímãs. Sabendo a orientação do primeiro ímã, escreva as letras **N** (para o polo norte) e **S** (para o polo sul) nos ímãs **2** e **3**.

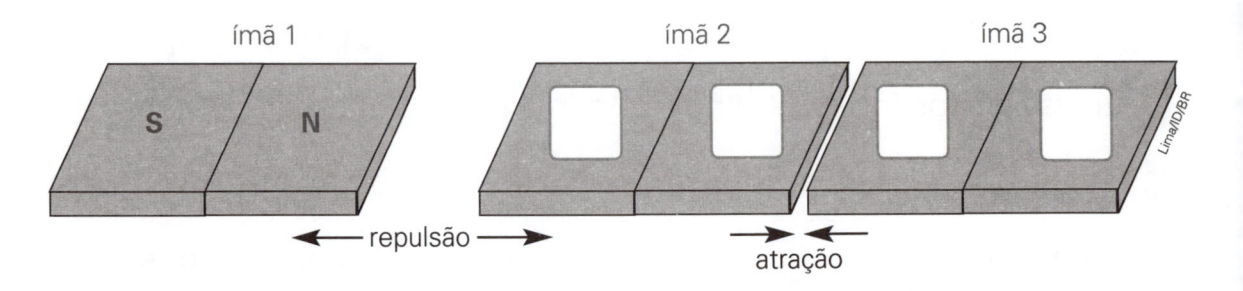

ímã 1 — S N
← repulsão →

ímã 2

ímã 3
→ ← atração

3 Na construção de uma usina hidrelétrica, é preciso formar um grande reservatório de água, a represa, o que provoca a inundação de uma extensa área. Pensando nisso, responda:

a. O que acontece com as plantas e os animais das áreas que são inundadas para a construção de uma represa?

_____
_____
_____

b. As pessoas que vivem nessa região também são afetadas? Como?

_____
_____

c. Converse com os colegas: Como o desperdício de energia elétrica está relacionado à construção de novas usinas hidrelétricas?

4 Na porta das geladeiras existe um ímã. Esse ímã tem a função de vedar a porta, mantendo-a bem fechada. Quando a borracha da geladeira está gasta, ela precisa ser substituída. Caso contrário, a geladeira passa a consumir mais energia.

a. Explique por que ocorre aumento do consumo de energia elétrica nessa situação.

_____
_____
_____

b. Por que é utilizado um ímã na porta da geladeira para mantê-la bem fechada?

_____
_____
_____

UNIDADE 3

Universo

Você já conhece diversas informações sobre o planeta em que vivemos, a Terra. Sabe que nela existem ar, água, solo e muitos seres vivos. Agora você vai estudar o espaço fora do nosso planeta.

- As pessoas da cena estão observando o lançamento de um ônibus espacial. Você sabe para que serve um ônibus espacial?

- Em sua opinião, é importante que o ser humano viaje para fora do planeta Terra? Por quê?

- Para observar melhor e para registrar o lançamento do ônibus espacial, as pessoas podem utilizar alguns instrumentos. Leia atentamente as descrições relacionadas a cada espaço em branco.

- Agora observe as figuras da página 181. Recorte as imagens dos instrumentos e cole-as nos espaços com as descrições correspondentes.

Instrumento grande, com um visor, que permite observar objetos muito distantes.

+ CONTEÚDO NA VERSÃO DIGITAL

Instrumento fácil de manusear, com dois visores, que permite observar objetos distantes.

Instrumento que capta e grava imagem.

CAPÍTULO 1 — Além da Terra

O ser humano sempre demonstrou curiosidade a respeito do Universo. Nossos antepassados provavelmente admiravam o céu e perguntavam: Por que as estrelas não caem? Por que existem o dia e a noite? Para onde vai o Sol quando anoitece? Para dar respostas a essas e outras indagações, diversos povos criaram suas explicações, muitas delas na forma de mitos ou lendas.

O texto a seguir é um trecho de um mito de um grupo indígena brasileiro, os Karajá. Esse mito dá uma explicação para o surgimento da Lua, do Sol e de outras estrelas. Nessa história, depois de comer uma planta tóxica, um menino ficou caído no chão, paralisado. Então um urubu-rei se aproximou do menino, pensando que ele estivesse morto.

> [...] Mas então o menino, num movimento muito rápido, agarrou o urubu-rei pelo pescoço. O bicho debateu-se bastante, mas não conseguiu escapar.
> – Me solta, menino danado! – ordenou o urubu-rei.
> – Não solto! – disse o menino. – A não ser que você me prometa que vai voar até bem lá no alto, no céu, e que vai me trazer de lá enfeites de presente. [...]
> O menino largou seu pescoço, e o urubu-rei voou, até sumir na escuridão do céu. Voltou pouco depois, trazendo estrelas.
> O menino não gostou do presente, porque tudo em volta continuava escuro. Então, o urubu-rei soltou as estrelas no céu, voou de novo, para bem alto, e voltou trazendo a Lua.
> Mas a terra continuava escura, e assim o menino rejeitou mais esse presente. O urubu-rei então soltou a Lua no céu, tornou a voar, e dessa vez trouxe o Sol. E já no que veio descendo, toda a terra ficou iluminada, e começaram a nascer bichos, árvores e todo tipo de planta.
> Dessa vez, o menino aceitou o presente, dando por cumprida a palavra do urubu-rei.

Luiz Antonio Aguiar. *Assim tudo começou*: enigmas da criação. São Paulo: Quinteto Editorial, 2005. p. 97.

1 Na história, o urubu-rei traz do céu as estrelas, a Lua e o Sol. Se isso tivesse acontecido de verdade, que distância você imagina que a ave precisaria voar para chegar até eles?

2 Forme um grupo com mais três colegas e pesquisem, na internet ou em livros, outros mitos ou lendas sobre o Universo, as estrelas, o planeta Terra ou a Lua.

O céu

Durante o dia, podemos perceber a luz do Sol e sentir parte do calor que ele emite.

Atenção!

Nunca olhe diretamente para o Sol nem usando binóculos ou outros instrumentos de observação. Isso pode fazer mal a sua vista.

Ao olhar para o céu à noite, muitas vezes vemos a Lua. Já em um local pouco iluminado e sem nuvens, é possível ver também inúmeros pontos brilhantes, as estrelas.

A Terra, os outros planetas, o Sol e outras estrelas, cometas e asteroides são chamados de **astros**. Os astros também são chamados de **corpos celestes**. Eles podem ser divididos em dois grupos: astros que produzem luz e astros que não produzem luz.

Crianças olhando o céu estrelado em Niterói, RJ.

▬ Astros que produzem luz

São também chamados de **astros luminosos**. As **estrelas** são exemplos desse tipo de astro, e o **Sol** é uma delas.

O Sol é a estrela mais próxima da Terra e, por isso, temos a impressão de que ele é maior e mais brilhante do que as outras estrelas. Pelo mesmo motivo, a luz do Sol impede que vejamos o brilho de outras estrelas durante o dia.

No Universo existem muito mais estrelas do que as que conseguimos enxergar a olho nu. Os astrônomos, cientistas que estudam os astros e o Universo, utilizam equipamentos como o telescópio para visualizar áreas muito distantes da Terra.

Quando o Sol se põe, vemos o brilho de outras estrelas no céu. Xique-Xique, BA, 2013.

■ Astros que não produzem luz

São também chamados de **astros iluminados**, porque apenas refletem a luz produzida pelos astros luminosos. Planetas e satélites são exemplos de astros que não produzem luz.

Os **planetas** são astros que giram ao redor de uma estrela, como a Terra e os outros sete planetas, que giram ao redor do Sol.

Satélites são astros que giram ao redor de um planeta. Existem planetas que não têm nenhum satélite; outros têm dezenas deles. A Terra tem apenas um satélite, a Lua. Os satélites são iluminados pela luz de estrelas, como é o caso da Lua, iluminada pela luz do Sol.

⊕ SAIBA MAIS

Cometas e meteoroides

Cometas e meteoroides são astros iluminados em movimento no céu.

Um cometa se torna visível no céu quando se desloca perto do Sol. Nessa situação, os materiais que formam o cometa se desfazem devido ao calor intenso do Sol e dão origem a sua cauda brilhante.

Já os meteoroides podem ser visualizados à medida que se aproximam da Terra. Em contato com a atmosfera terrestre, os materiais que formam esses astros (pequenos pedaços de rocha) produzem calor e deixam um rastro brilhante no céu.

Cometa Lovejoy fotografado na região de Araraquara, SP, em 24 de dezembro de 2011.

Quando se aproximam da Terra, os meteoroides são chamados de meteoros ou estrelas cadentes.

1 Se a Lua não é capaz de produzir luz, por que a vemos iluminada?

2 Por que não enxergamos as estrelas durante o dia?

3 Leia o texto a seguir e depois responda às questões.

[...] Desde a antiguidade, o homem criou várias formas de se orientar e encontrar os caminhos certos em suas viagens [...].

[...]

Observar as estrelas foi uma das primeiras formas de orientação usadas pelos viajantes. Ao olharmos para o céu, podemos ver que há uma distribuição regular das estrelas que formam padrões conhecidos como constelações. [...]

As estrelas que constituem uma constelação não têm qualquer ligação física entre si. Elas são identificadas em função do seu brilho, seguindo o alfabeto grego. A mais brilhante é chamada de Alfa, a segunda de Beta, a terceira de Gama etc.

Por exemplo, a estrela mais brilhante da constelação do Cruzeiro do Sul (Alfa Crucis, que fica na parte inferior do braço maior) está a cerca de 320 **anos-luz** de distância da Terra. A terceira estrela mais brilhante (Gama Crucis, que fica na parte superior do braço maior) está a 88 anos-luz. Embora visualmente pareçam estar próximas, elas estão bem distantes entre si. [...]

Ano-luz: unidade usada pelos astrônomos para medir distâncias muito grandes no Universo.

Constelação do Cruzeiro do Sul.

Nessa foto, foram inseridas linhas brancas, para destacar a figura da cruz.

Adilson de Oliveira. Das estrelas ao GPS. *Ciência Hoje*. Disponível em: <http://linkte.me/y399s>. Acesso em: 8 jun. 2016.

a. Qual é o nome dado às figuras do céu formadas por estrelas?

b. Conforme a Lei n. 8421, de 11 de maio de 1992, o conjunto de estrelas na Bandeira Nacional corresponde ao aspecto do céu, na cidade do Rio de Janeiro, às 8 horas e 30 minutos do dia 15 de novembro de 1889 – dia e hora da Proclamação da República. Observe a bandeira do Brasil e identifique a constelação do Cruzeiro do Sul.

O Sistema Solar

O Sistema Solar é formado pelo Sol e pelos astros que giram a seu redor. Planetas, satélites, cometas e meteoroides fazem parte do Sistema Solar.

A figura a seguir representa o Sol e os oito planetas do Sistema Solar. As linhas que aparecem na ilustração são imaginárias e servem para indicar a órbita dos planetas, isto é, a trajetória que cada um deles faz em torno do Sol.

Imagens sem proporção de tamanho entre si.

cores-fantasia

Terra – É o planeta que habitamos e o único em que, pelo que sabemos, existe vida. A superfície da Terra é parcialmente coberta de água líquida. Tem um satélite natural, a Lua.

Marte – Também chamado de planeta vermelho, Marte é vizinho da Terra e é menor que ela. A superfície de Marte é coberta de rochas e areia. Os cientistas descobriram que, no passado, existiram gigantescos vulcões ativos nesse planeta. Tem dois satélites.

Vênus – Esse planeta é o outro vizinho da Terra e tem quase o mesmo tamanho dela. Ele apresenta nuvens grossas que se movem rapidamente. Vênus é o planeta mais quente do Sistema Solar, com temperatura média de 450 °C. Não tem satélites.

Sol

Mercúrio – É o planeta mais próximo do Sol e o menor do Sistema Solar. Não tem satélites. Nesse planeta, a temperatura pode chegar a mais de 400 °C durante o dia e 170 °C abaixo de zero durante a noite.

Netuno – É o planeta mais afastado do Sol. Nele ocorrem os ventos mais fortes de todo o Sistema Solar. Netuno tem coloração azul, anéis muito finos e catorze satélites conhecidos atualmente.

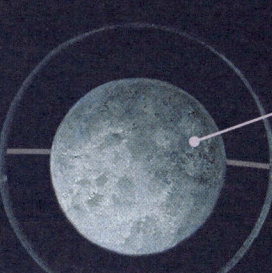

Urano – Terceiro maior planeta do Sistema Solar, Urano tem coloração azul-turquesa e anéis finos. Atualmente, os astrônomos conhecem 27 satélites desse planeta.

Saturno – Segundo maior planeta do Sistema Solar, Saturno tem anéis mais largos. Os anéis são formados por poeira, pedaços de rochas e gelo. São conhecidos 62 satélites desse planeta.

Júpiter – É o maior planeta do Sistema Solar. Dentro dele caberiam cerca de 1 300 planetas do tamanho da Terra. É formado principalmente por gases. Os astrônomos acreditam que nesse planeta existam ventos muito fortes e furacões gigantescos, como a Grande Mancha Vermelha, um furacão maior que a Terra e que existe há mais de trezentos anos. Júpiter tem 67 satélites conhecidos. A seu redor, existem finos anéis.

Representação do Sol e dos planetas que compõem o Sistema Solar.

Fonte de pesquisa das informações: Nasa. Disponível em: <http://linkte.me/m93cw>.
Fonte de pesquisa da ilustração: Nasa. Disponível em: <http://linkte.me/rlk10>. Acessos em: 15 fev. 2016.

Os planetas do Sistema Solar

Do mais próximo ao mais distante do Sol, os planetas do Sistema Solar são Mercúrio, Vênus, Terra, Marte, Júpiter, Saturno, Urano e Netuno.

Imagens sem proporção de tamanho entre si.

Entre Marte e Júpiter, há uma região chamada **cinturão de asteroides**, onde existe uma grande quantidade desses astros.

Os astrônomos classificam os planetas do Sistema Solar em rochosos e gasosos.

Os **planetas rochosos** recebem esse nome porque são formados, em grande parte, por rochas. Mercúrio, Vênus, Terra e Marte, mostrados a seguir nas fotos tiradas por telescópios, são planetas que pertencem a essa categoria. Os planetas rochosos não possuem anéis.

Representação do Sistema Solar.

Fonte de pesquisa da ilustração: Nasa. Disponível em: <http://linkte.me/wfgk4>. Acesso em: 3 mar. 2016.

Mercúrio.

Vênus.

Terra.

Marte.

Os planetas formados principalmente por gases são chamados de **planetas gasosos**. Júpiter, Saturno, Urano e Netuno são planetas gasosos. Cada um desses quatro planetas é muito maior que a Terra e possui vários satélites.

Eles apresentam anéis formados, em geral, por poeira e pedaços de gelo e rochas. Saturno tem os maiores anéis. Os anéis de Júpiter, Urano e Netuno são tão finos que não são vistos com telescópio comum.

Júpiter.

Saturno.

Urano.

Netuno.

Planetas vistos a olho nu

Há milhares de anos, os seres humanos já observavam, a olho nu, cinco planetas do Sistema Solar: Mercúrio, Vênus, Marte, Júpiter e Saturno.

Esses planetas são vistos como pequenos pontos luminosos, semelhantes a estrelas. Embora não produzam luz, os planetas brilham porque são iluminados pelo Sol. O mais brilhante deles é Vênus, também chamado de estrela-d'alva ou estrela da manhã.

Vênus e Júpiter vistos em uma noite de 2015 na Espanha.

+ SAIBA MAIS

Planetas-anões

Até o ano de 2006, os astrônomos consideravam que o Sistema Solar tinha nove planetas: os oito que você já conhece e Plutão, um astro que também gira ao redor do Sol.

Naquele ano, os astrônomos criaram uma nova categoria de astros, os planetas-anões. Atualmente, Plutão é considerado um dos planetas-anões conhecidos.

1 Você viu que os planetas do Sistema Solar podem ser classificados em rochosos e gasosos. Consulte as informações desta página e das páginas 98 e 99 e proponha uma nova classificação dos planetas. Escolha uma característica que os diferencie e escreva o nome dos planetas que pertencem aos novos grupos formados.

A Lua

A Lua sempre foi muito observada e admirada pelos seres humanos. Ela é o único satélite natural do nosso planeta e é também o astro que está mais perto da Terra.

Por estar mais próxima da Terra, a Lua parece maior que as estrelas, mas na realidade ela é menor.

Imagens sem proporção de tamanho entre si.

Luar

Assim como a Terra, a Lua não possui luz e é iluminada pelo Sol.

Em noites sem muitas nuvens, é possível ver o luar, isto é, a luz do Sol refletida pela Lua.

O brilho do luar ilumina o ambiente e pode ser intenso a ponto de permitir a visualização da paisagem noturna sem o uso de luz artificial.

O Sol ilumina a Lua, que reflete parte dessa luz em direção à Terra. Observe o luar refletido na água.

Superfície da Lua

A Lua é formada principalmente por rochas. Na superfície desse satélite existem buracos, chamados crateras, e algumas regiões planas.

Na foto ao lado, podemos perceber as irregularidades na superfície da Lua, que determinam diferentes tonalidades na imagem.

3 476 km

Foto da Lua tirada por telescópio.

As crateras da Lua

Algumas vezes, meteoroides se chocam com outro astro. Quando isso acontece, uma cratera se forma nesse astro.

Muitas crateras da Lua foram formadas pelo impacto de meteoroides que bateram contra sua superfície.

Na Lua não existem atmosfera, ventos e chuvas. Por isso, as marcas deixadas na superfície permanecem nela.

Essa cratera mede muitos quilômetros de um lado a outro.

1 Os versos abaixo fazem parte da música "Luar do sertão", composta por Catulo da Paixão Cearense e João Pernambuco, em 1914. Ela foi gravada por vários cantores brasileiros.

> Oh! que saudade do luar da minha terra
> Lá na serra branquejando folhas secas pelo chão
> Este luar cá da cidade, tão escuro
> Não tem aquela saudade do luar lá do sertão.
> [...]

Branquejar: tornar branco.

Disponível em: <http://linkte.me/n5173>. Acesso em: 17 jun. 2016.

- Como você explica a diferença entre o luar do sertão e o luar da cidade?

Na prática

Por que a Lua brilha

A Lua tem brilho próprio? Realize a atividade a seguir para descobrir.

Você vai precisar de: uma bola de gude envolvida em papel-alumínio e uma lanterna.

Experimente

1. Coloque a bola de gude sobre uma mesa em um quarto escuro e observe-a.
2. Em seguida, aponte a lanterna acesa para a bola e observe-a.

Responda

1. Você viu a bola de gude brilhar no escuro? Por quê?
2. O que aconteceu quando você apontou a lanterna para ela?
3. Os astros Sol e Lua foram representados nesse experimento. Qual deles é representado pela lanterna? E qual astro corresponde à bola de gude?

Agora já sei!

1 Observe as figuras abaixo.

a. Supondo que essas cenas fossem observadas na Terra, explique o que há de errado nelas.

_____

_____

_____

b. Nessas cenas, quais são os corpos luminosos? E os iluminados?

_____

2 Pedro, Isabela e Júlio colecionam figurinhas do Sistema Solar.

Imagens sem proporção de tamanho entre si.

VAMOS TROCAR? EU TE DOU UMA DO PLANETA VERMELHO E VOCÊ ME DÁ UMA DO PLANETA MAIS QUENTE.

a. A que planetas Pedro está se referindo?

_____

b. Observe as ilustrações ao lado. Isabela quer trocar com Pedro a figurinha do Sol pela figurinha de Júpiter. O que ela deve dizer ao colega para propor a troca? Lembre-se de que você deve indicar características do astro, mas não o nome dele.

Sol.   Júpiter.

104

3 Durante a primeira viagem à Lua, em 20 de julho de 1969, um dos astronautas da nave espacial Apollo 11 deixou uma pegada no solo lunar, como mostra a foto ao lado.

- Ao contrário do que ocorre aqui na Terra, é provável que essa pegada não tenha sofrido nenhuma alteração. Por quê?

_____
_____
_____

4 Caio resolveu fazer um modelo do Sistema Solar. Ele escolheu vários objetos para representar os astros e os ordenou de acordo com a posição que ocupam em relação ao Sol.

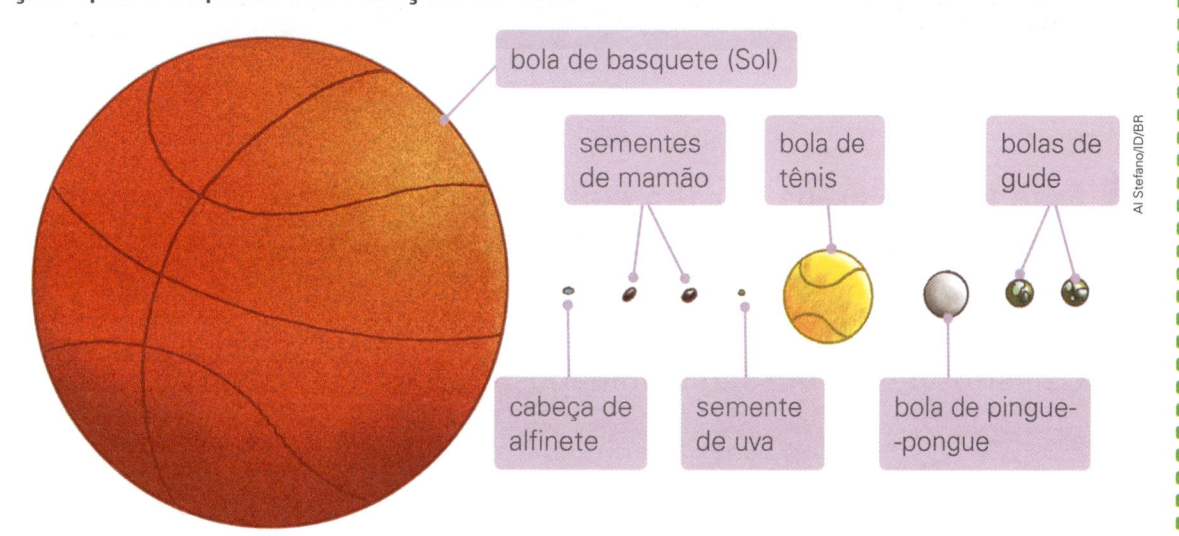

bola de basquete (Sol)
sementes de mamão
bola de tênis
bolas de gude
cabeça de alfinete
semente de uva
bola de pingue-pongue

a. Por que Caio escolheu objetos de tamanhos diferentes para representar os astros?

_____
_____

b. Qual dos objetos corresponde ao planeta Júpiter? E qual representa Mercúrio? Explique.

_____
_____

CAPÍTULO 2 — Terra, Sol e Lua

Observar o céu é um convite a descobertas incríveis e a novos conhecimentos. A olho nu ou com o uso de equipamentos especiais, podemos apreciar belas imagens, como a desta foto.

Imagem obtida pela sonda espacial Galileo, em dezembro de 1992.

1 Essa foto foi tirada por um equipamento espacial. Você reconhece os astros que aparecem nela? Quais são eles?

2 Os astros dessa foto são iluminados. Que estrela ilumina esses astros?

3 Apesar de esses astros terem formato esférico, vemos apenas uma parte deles nessa foto. Por quê?

4 O Sol não aparece nessa fotografia, mesmo assim é possível saber de que lado ele se encontra. Em sua opinião, ele está à direita ou à esquerda dos astros? Por quê?

A Terra se move

A Terra não está parada no espaço. Ela se move continuamente e seu movimento é responsável pela alternância entre dia e noite e pelas estações do ano.

▬ Dias e noites

Dia e noite, noite e dia... Esse ciclo se repete continuamente. No início da manhã, vemos o Sol no horizonte, no lado leste. Ao longo da manhã, vemos o Sol cada vez mais alto no céu, chegando ao ponto máximo de sua trajetória diária por volta do meio-dia. À tarde, percebemos o Sol cada vez mais baixo no céu. No fim da tarde, vemos o pôr do sol no lado oeste.

Imagens sem proporção de tamanho entre si.

Representação do Sol visto da Terra em horários diferentes ao longo de um dia. A figura à esquerda representa o nascer do sol. O pôr do sol é representado pela figura à direita.

Fonte de pesquisa das ilustrações: Centro de Divulgação Científica e Cultural (CDCC) da Universidade de São Paulo. Disponível em: <http://linkte.me/wor43>. Acesso em: 16 fev. 2016.

1 Nas situações mostradas acima, é possível ver diferença entre a posição das sombras das pessoas ao longo do dia? Explique.

Rotação da Terra

Ao observar o movimento diário do Sol no céu, temos a impressão de que ele gira ao redor da Terra. Mas esse movimento é aparente, ou seja, não é o Sol que gira em torno da Terra, e sim a Terra que gira ao redor de um eixo imaginário. Esse movimento é chamado **rotação**.

A figura ao lado representa o movimento de rotação da Terra. O eixo ao redor do qual a Terra gira é imaginário, isto é, não existe na realidade – ele está representado para facilitar o estudo.

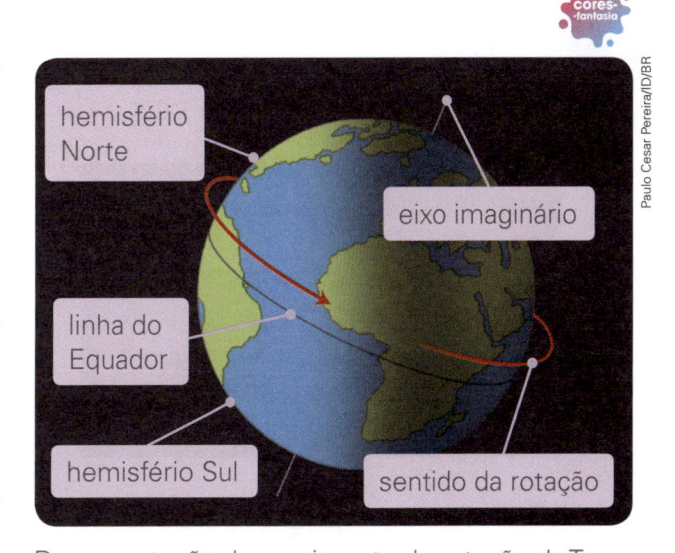

Representação do movimento de rotação da Terra.

Fonte de pesquisa da ilustração: *Universe*. London: Dorling Kindersley, 2012. p. 61.

A rotação e a luz do Sol

O Sol brilha o tempo todo, mas não ilumina a Terra inteira ao mesmo tempo. Enquanto a Terra gira, é dia na metade do planeta que fica voltada para o Sol e é noite na metade que não recebe luz.

À medida que a Terra gira ao redor de seu eixo, as regiões iluminadas e não iluminadas se alternam. Para realizar uma volta completa ao redor do próprio eixo, a Terra demora cerca de 24 horas.

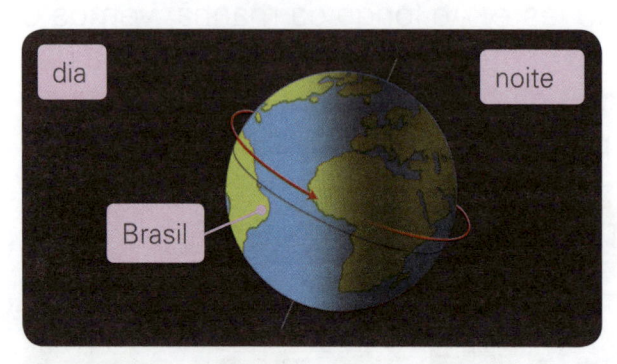

Dia no Brasil. Nosso país está na região iluminada pelo Sol.

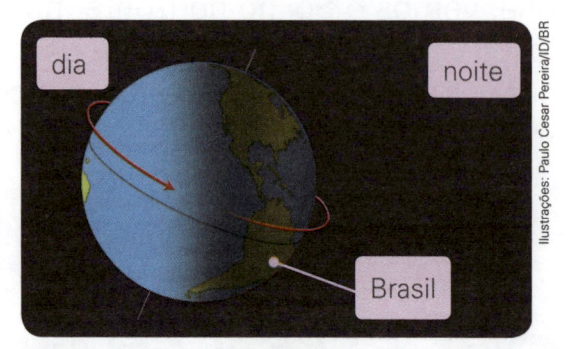

Noite no Brasil. Nosso país está na região que não está recebendo luz do Sol.

➕ SAIBA MAIS

As estrelas também nascem e se põem

Não é apenas o Sol que nasce e se põe diariamente. Isso também acontece com as estrelas que vemos no céu à noite.

Assim como temos a falsa impressão de que o Sol gira ao redor da Terra, o movimento que percebemos das estrelas também é aparente, ou seja, é provocado pela rotação da Terra.

Experimente observar uma estrela no céu. Procure um ponto de referência próximo à imagem da estrela, como uma árvore ou um prédio. Observe a mesma estrela novamente após uma ou duas horas. Você vai visualizar o astro em outra posição em relação ao ponto de referência.

As fotos acima foram tiradas do mesmo lugar, com algumas horas de intervalo. Observe como o astro destacado parece ter mudado de posição em relação ao horizonte.

Sombras ao longo do dia

Ao longo do dia, vemos o Sol em diferentes posições no céu. Você já reparou que as sombras também mudam de posição?

Observe as figuras abaixo. A sombra aparece sempre do lado oposto à fonte de luz, que pode ser o Sol, uma lâmpada ou uma vela, por exemplo.

Além da posição, as sombras também variam de tamanho ao longo do dia.

A No começo da manhã, as sombras são mais longas.

B Por volta do meio-dia, as sombras são mais curtas.

C No fim da tarde, as sombras também são longas.

Fonte de pesquisa para elaboração das ilustrações: Centro de Divulgação Científica e Cultural (CDCC) da Universidade de São Paulo. Disponível em: <http://linkte.me/o7g6u>. Acesso em: 16 fev. 2016.

2 Leia o diálogo das crianças.

O SOL NÃO BRILHA À NOITE, POR ISSO TUDO FICA ESCURO.

EU ACHO QUE NÃO. O SOL SEMPRE BRILHA. ELE GIRA EM TORNO DA TERRA. É ISSO QUE FAZ COM QUE EXISTAM OS DIAS E AS NOITES.

a. Alguma delas está certa? Explique.

b. A Terra realiza um movimento que é responsável pela existência dos dias e das noites. Represente esse movimento com um desenho no caderno e crie uma legenda.

109

3 Leia o texto abaixo e depois faça o que se pede.

Embora a origem dos relógios de sol seja desconhecida, seu funcionamento é fácil de explicar. "O sol incide sobre o relógio, e a sombra da haste indica a hora" [...]. "Para funcionar corretamente, ele precisa estar perfeitamente orientado segundo os pontos cardeais".
[...]
O relógio de sol foi muito usado pelos gregos e romanos antigos, e seu ápice foi durante a Idade Média. [...]

Relógio de sol em Olinda, PE. Foto de 2015.

Como foi criado o relógio de sol? *Ciência Hoje das Crianças*. Disponível em: <http://linkte.me/xn1b5>. Acesso em: 17 jun. 2016.

- O Sol pode ser usado para mostrar as horas, como no exemplo do relógio de sol, e também para indicar a localização dos pontos cardeais. Com dois colegas, descubra como vocês fariam para indicar o Norte e o Sul geográfico a partir da posição do Sol. Quais seriam os melhores horários para consultar o céu: ao amanhecer, ao meio-dia ou ao entardecer? Façam um desenho com legenda para apresentar a resposta.

4 O time de futebol da escola tirou uma foto após uma partida, mas um dos jogadores faltou nesse dia. Então, os alunos se reuniram novamente no dia seguinte para tirar outra foto, desta vez com o time completo.

- Que informação presente nas fotos mostra que elas foram tiradas em horários diferentes?

_____

_____

_____

O movimento de translação e o ano

Além de realizar a **rotação**, o planeta Terra também gira em torno do Sol. Esse movimento é chamado de **translação** e sua trajetória é denominada órbita.

Cada ciclo completo de translação demora cerca de 365 dias e 6 horas, ou seja, aproximadamente 1 ano.

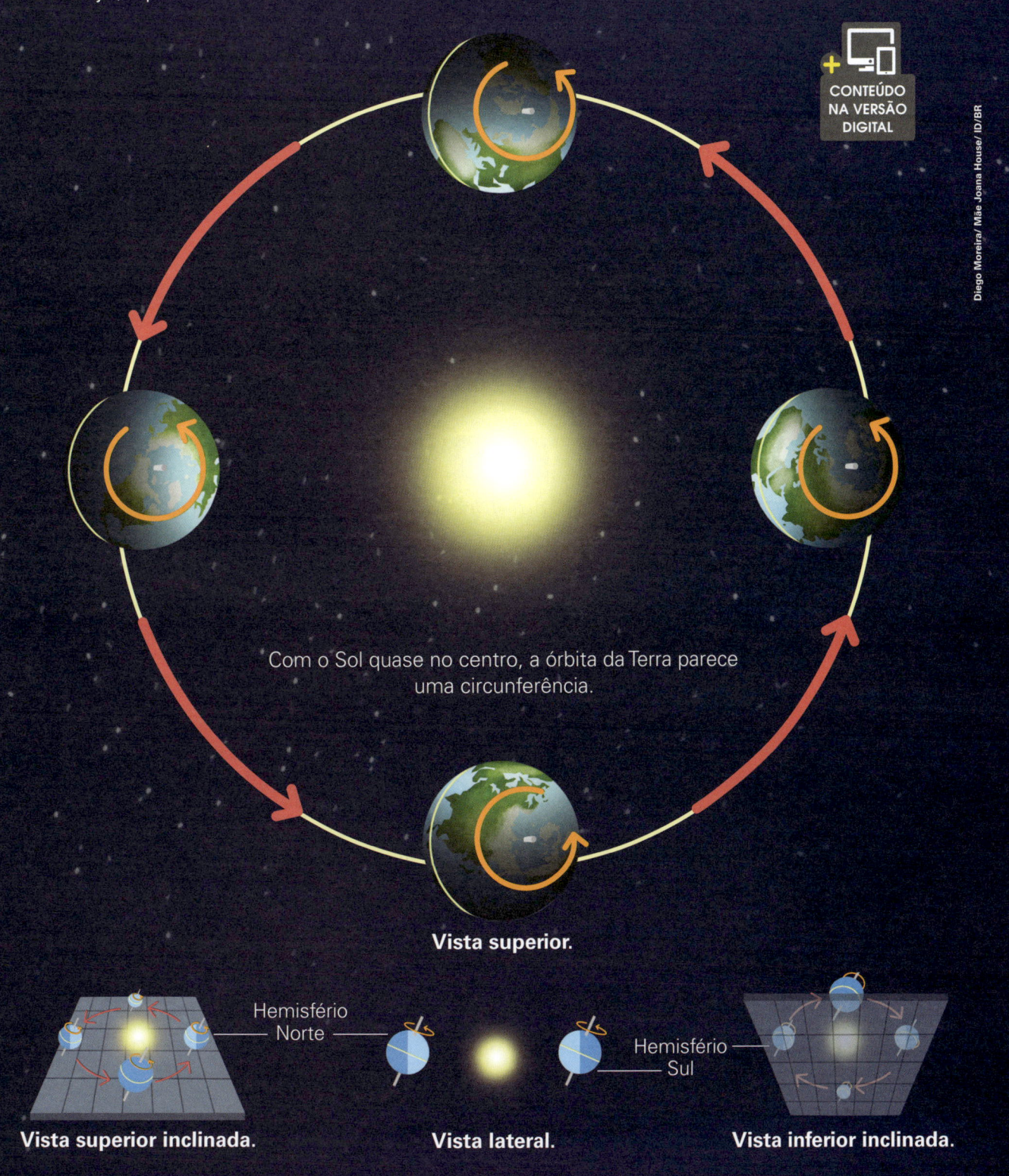

Com o Sol quase no centro, a órbita da Terra parece uma circunferência.

Vista superior.

Vista superior inclinada. — Hemisfério Norte — Vista lateral. — Hemisfério Sul — Vista inferior inclinada.

Nas imagens das diferentes vistas, a Terra foi representada em momentos distintos de translação. Note que o planeta realiza a rotação e a translação com o eixo inclinado, sempre para o mesmo lado.

As estações do ano

Como o eixo de rotação da Terra está inclinado em relação à órbita que ela efetua ao redor do Sol, a luz solar não chega da mesma maneira a toda a superfície do planeta: certas regiões recebem mais luz que outras. As regiões que recebem mais luz ficam mais aquecidas do que as regiões que recebem menos luz. Essa variação determina as **estações do ano**.

Essa diferença de incidência luminosa faz com que os hemisférios Sul e Norte estejam sempre em estações do ano opostas. Quando o hemisfério Norte está voltado para o Sol, recebe mais luz, o que corresponde ao verão. Consequentemente, nesse mesmo período o hemisfério Sul recebe menos luz, correspondendo ao inverno.

Locais próximos à linha do Equador recebem aproximadamente a mesma iluminação durante todo o ano. Por isso, nessas regiões as estações do ano não apresentam muitas diferenças entre si. Já nos locais mais afastados da linha do Equador, a incidência da luz do Sol varia ao longo do ano. Por isso, nessas regiões, as estações do ano são bem diferentes.

1 Observe as imagens a seguir e responda às questões.

a. Na ilustração da Terra, localize a linha do Equador e os hemisférios Norte e Sul.

b. As fotos acima mostram a mesma cidade, no inverno e no verão. Em sua opinião, elas foram tiradas no local **A** ou **B**? Por quê?

2 Analise o mapa ao lado e responda às questões.

Brasil e seus estados: Divisão atual

a. Em qual estado você mora? Seu estado pertence a qual hemisfério?

_____

_____

b. Releia o trecho da página 112 sobre as estações do ano. Em seguida, verifique no mapa se você está próximo à linha do Equador. Você percebe grandes diferenças nas estações do ano na cidade em que mora? Quais?

Fonte de pesquisa: *Atlas geográfico escolar*. 6. ed. Rio de Janeiro: IBGE, 2012. p. 90.

_____

_____

_____

3 Os avós de Marcelo vieram para o Brasil há cinquenta anos. Eles moravam na Itália, país do hemisfério Norte. Marcelo adora ouvir as histórias que eles contam sobre o país de origem.

NO NATAL, FAZIA MUITO FRIO E, ÀS VEZES, ATÉ NEVAVA.

O NATAL É EM DEZEMBRO, DURANTE O VERÃO. EU ACHEI QUE FIZESSE CALOR NESSA ÉPOCA DO ANO.

■ Por que no Natal faz frio na Itália, mas faz calor no Brasil?

_____

_____

O movimento da Lua

Você já observou que a Lua parece mudar de forma durante o mês? A ilustração abaixo representa alguns de seus formatos, como vemos aqui da Terra.

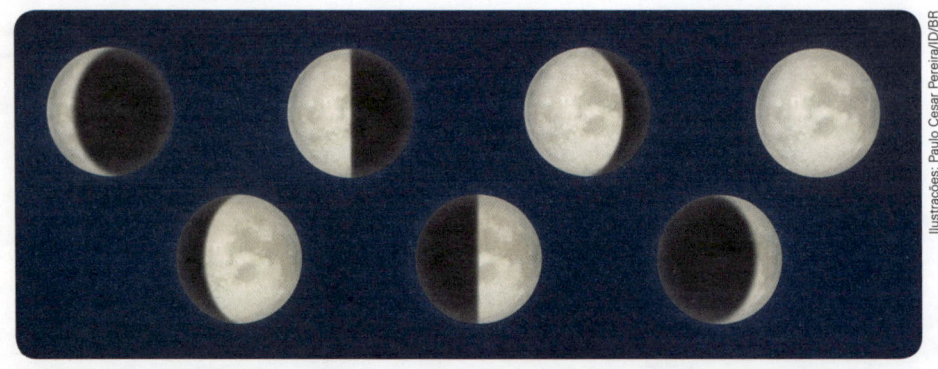

Imagens sem proporção de tamanho entre si.

O aspecto da Lua se modifica diariamente.

Na realidade, a Lua tem formato aproximadamente esférico, assim como a Terra. As mudanças na aparência da Lua são provocadas por seu movimento ao redor da Terra. A região da Lua que enxergamos, correspondente a sua porção iluminada, varia conforme a posição dela em relação ao Sol.

Enquanto se move ao redor do planeta Terra, a aparência da Lua no céu vai mudando, de um filete iluminado a um círculo brilhante. Depois, o ciclo recomeça.

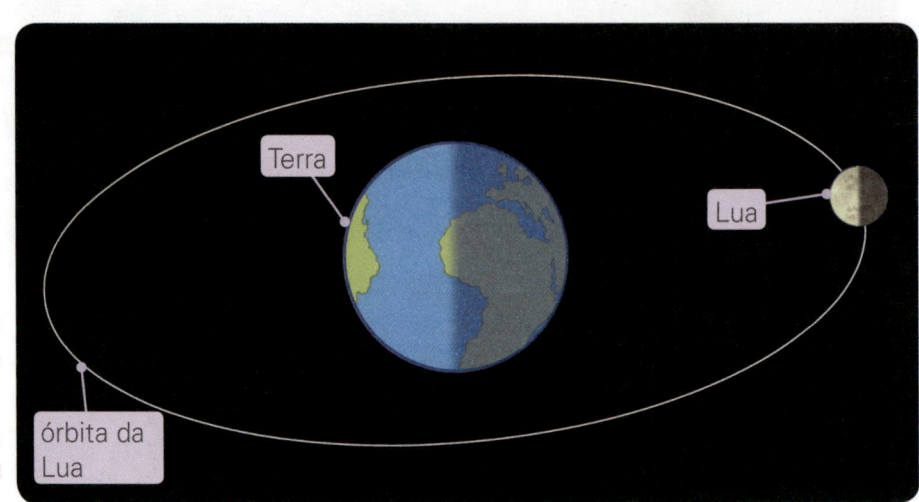

Representação do movimento da Lua ao redor da Terra.

Fonte de pesquisa: *Universe*. London: Dorling Kindersley, 2012. p. 148.

As mudanças na aparência da Lua são chamadas **fases**. As quatro principais fases são:

- lua cheia;
- quarto minguante;
- lua nova;
- quarto crescente.

quarto crescente — lua cheia — quarto minguante

Representação de três das principais fases da Lua. A lua nova não é visível.

■ As fases da Lua

Você já sabe que a Lua não tem luz própria, ela apenas reflete a luz do Sol.

Mas o Sol não ilumina a Lua inteira ao mesmo tempo. Da Terra, vemos apenas a parte da Lua que está iluminada pelo Sol.

A imagem abaixo é uma montagem de várias fotos que representam a Lua como a vemos durante um mês.

Imagens sem proporção de tamanho entre si.

A Lua leva cerca de 29 dias para retornar à mesma fase. Povos de vários locais do mundo usaram as fases da Lua para medir a passagem do tempo.

1 Uirá e Cauê são meninos indígenas. Em sua cultura, as fases da Lua são usadas para marcar o tempo.

   a. Em que fase está a Lua nesta noite?

   _____

   _____

   b. Os meninos combinaram de se reencontrar quando a Lua estivesse novamente nessa fase. Quando isso acontecerá?

Agora já sei!

1 Observe a figura ao lado.

  a. Que astro é representado:
   - pelo globo? _____
   - pelo abajur? _____

  b. Quantas voltas seria preciso dar no globo para o Brasil ficar por inteiro na posição que corresponde à noite?
  _____
  _____

  c. E quantas voltas do globo representariam a passagem de uma semana?
  _____

2 As crianças estão representando dois astros do Sistema Solar.

  a. O menino representa a Terra. Qual astro está sendo representado pela menina?
  _____

  b. Qual movimento é indicado pela seta azul? E pela seta vermelha? Responda nos espaços da figura.

3 Na figura abaixo, é possível identificar um elemento apenas pela sua sombra.

  a. Que elemento é esse?
  _____

  b. Qual fonte de luz está iluminando esse elemento? Como você descobriu isso?
  _____
  _____
  _____

4 A figura ao lado mostra um calendário que indica as fases da Lua.

Novembro de 2016

Fonte de pesquisa: Instituto de Astronomia, Geofísica e Ciências Atmosféricas. Disponível em: <http://linkte.me/x74l8>. Acesso em: 17 jun. 2016.

a. Em que fase a Lua está nos dias 7, 14, 21 e 29 desse calendário?

_____

_____

_____

b. Qual é o intervalo entre essas fases, aproximadamente?

_____

5 Leia o texto abaixo.

> É a Terra que se movimenta sobre si mesma em 24 horas em torno do eixo de rotação [...]. Quando São Paulo, Rio de Janeiro ou Brasília estão bem acordadas, Tóquio dorme a sono solto.

Sylvie Baussier. *Pequena história do tempo*. São Paulo: SM, 2005. p. 10.

■ Forme um grupo com três colegas e procurem a posição do Japão em um planisfério ou em um globo terrestre. Vocês podem consultar livros ou *sites* da internet.

a. Qual é a posição do Japão em relação à posição do Brasil no planeta Terra?

_____

_____

b. Por que o texto diz que, enquanto as cidades brasileiras estão acordadas, Tóquio, a capital do Japão, dorme a sono solto?

_____

_____

c. E na Bolívia, os dias e as noites ocorrem no mesmo período que ocorrem no Japão ou no Brasil? _____

CAPÍTULO 3

O ser humano e o espaço sideral

Visão da superfície do planeta Terra. Foto de 2013.

Astronauta na Lua, em 1969.

Imagens sem proporção de tamanho entre si.

Paisagem do planeta Marte. Foto de 2013.

1 Como essas fotos podem ter sido tiradas?

2 Por que o astronauta usa roupa especial?

3 Imagine que você foi escolhido para fazer uma viagem espacial. Se pudesse decidir o destino, que lugar você gostaria de conhecer? Por quê? E, quando chegasse lá, o que você gostaria de saber sobre o lugar?

Instrumentos de observação

Durante milhares de anos, o ser humano observou o céu a olho nu, ou seja, sem usar instrumentos, como lunetas, que aproximam do observador a imagem do objeto observado. Esse tipo de observação era praticado por diversos povos para saber quando as estações do ano começavam ou acabavam. Assim, eles podiam, por exemplo, decidir a melhor época para plantar e colher.

Em locais com pouca luz e longe da poluição das grandes cidades, é possível ver, a olho nu, milhares de estrelas no céu.

A luneta de Galileu

Galileu Galilei foi um astrônomo que viveu na região onde hoje se localiza a Itália. No começo do século XVII, ele construiu uma luneta, instrumento composto de um tubo oco com lentes de aumento em seu interior. Ao apontar sua luneta para o céu, Galileu fez muitas descobertas.

Imagens sem proporção de tamanho entre si.

Descobertas de Galileu

Galileu observou astros, como a Lua e alguns planetas, e registrou suas observações por meio de desenhos e anotações.

Através de sua luneta, ele viu que na superfície da Lua existiam montanhas e muitas crateras. Até então, as pessoas acreditavam que a Lua fosse completamente lisa.

Luneta semelhante à construída por Galileu.

Galileu nasceu em 1564, em Pisa, e morreu em 1642, em Florença, cidades da atual Itália.

Galileu também observou que alguns astros giravam ao redor de Júpiter. Hoje se sabe que esses astros são satélites daquele planeta.

Novos instrumentos

Com o passar do tempo, a luneta foi aperfeiçoada e outros instrumentos de observação a distância foram inventados. Esse desenvolvimento permitiu novas e importantes descobertas sobre o Universo.

Urano, por exemplo, foi o primeiro planeta a ser descoberto por meio de observações feitas com um telescópio.

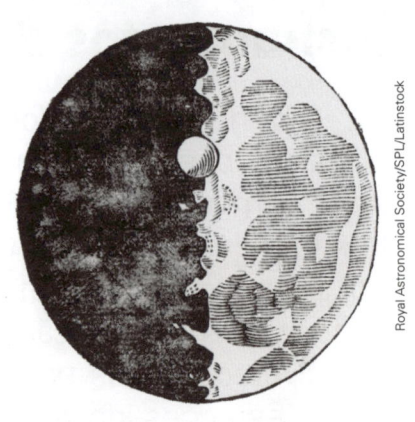

Desenho da superfície da Lua feito por Galileu.

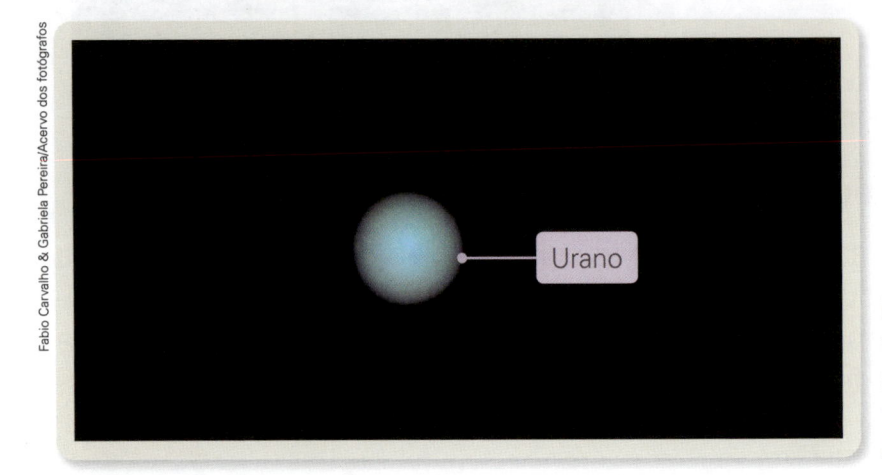

Imagens sem proporção de tamanho entre si.

Foto de Urano tirada com o auxílio de um telescópio em Assis, SP, 2013.

➕ SAIBA MAIS

Lentes e espelhos

Instrumentos de observação a distância, como binóculos, lunetas e telescópios, são construídos com lentes ou espelhos que aproximam do observador a imagem do objeto observado.

Saturno visto a olho nu.

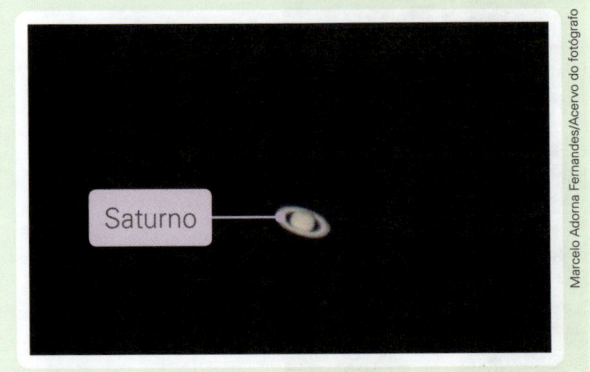

Saturno visto por um telescópio. A imagem foi aumentada cerca de 180 vezes.

Atualmente, os astrônomos contam com grandes e potentes telescópios. Em 1990, foi lançado ao espaço o telescópio Hubble, que é comandado por pesquisadores que usam computadores e satélites artificiais para operá-lo. O Hubble envia imagens de muitas regiões distantes no Universo.

Imagens sem proporção de tamanho entre si.

Telescópio Hubble no espaço, com a Terra ao fundo.

Foto de Saturno tirada pelo telescópio espacial Hubble. Compare-a com as fotos desse planeta na página anterior.

1 Circule o instrumento usado pelos astrônomos para enxergar lugares do Universo que estão distantes da Terra.

Lupa de mão. — Telescópio. — Microscópio.

2 Você já sabe o quanto é perigoso olhar diretamente para o Sol. Porém, não existem contraindicações para observar outras estrelas de noite a olho nu. Como você explica essa diferença?

_____
_____
_____
_____

http://linkte.me/o896x
Site da Estação Criança, da Fundação Planetário da Cidade do Rio de Janeiro. Nele, você encontra diversos temas de astronomia, entre notícias, fotos, vídeos, jogos e apostilas. Acesso em: 17 fev. 2016.

Um pouco de história

Desde a Antiguidade, para explicar e entender fenômenos da natureza, como a formação dos dias e das noites, muitos estudiosos criam **modelos**, que são representações do Universo e da natureza.

■ Aristóteles: a Terra como centro do Universo

Na Antiguidade, o pensador grego Aristóteles propôs um modelo do Universo. Ele imaginou o Universo como uma esfera, com a Terra, imóvel, no centro. Em torno da Terra girariam os astros do céu. A Terra seria, portanto, o centro do Universo.

O modelo de Aristóteles é chamado de **geocêntrico**. Essa palavra tem origem grega: *geo* = relativo à Terra; *cêntrico* = centralizado, localizado na parte central. Observe abaixo uma representação desse modelo.

Estátua de Aristóteles, que viveu de 384 a.C. a 322 a.C.

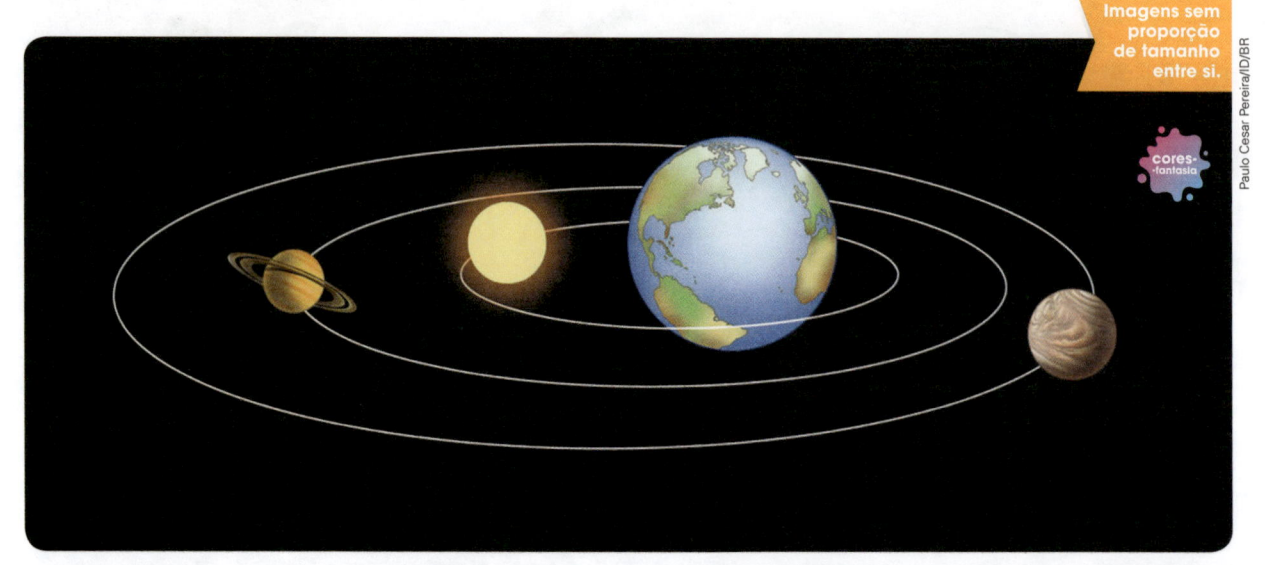

Imagens sem proporção de tamanho entre si.

Representação do modelo geocêntrico. Observe a Terra colocada no centro do que seria o Universo. (Somente alguns planetas estão representados.)

■ Copérnico e Galileu: o Sol como centro do Universo

O modelo de Aristóteles foi aceito durante vários séculos, porque suas ideias estavam de acordo com o que se observava. Se você observar o céu, a olho nu, em uma noite estrelada, terá a impressão de que a Terra está parada e que as estrelas vão mudando de lugar à medida que o tempo passa. O mesmo acontece com o Sol, que dá a impressão de mudar de lugar ao longo do dia, enquanto a Terra parece permanecer parada.

Você já estudou que Galileu, usando uma luneta, descobriu os satélites que se movem em torno do planeta Júpiter. Essa descoberta mudou completamente o pensamento sobre o Universo. Afinal, nem todos os astros giravam ao redor da Terra, como se imaginava antes.

Com base em seus estudos, Galileu retomou as ideias do astrônomo polonês Nicolau Copérnico, desenvolvidas meio século antes. Copérnico defendia outro modelo: o Sol seria o centro do Universo.

Por isso, o modelo de Copérnico é chamado de **heliocêntrico**: *hélio* = Sol; *cêntrico* = centralizado, localizado na parte central. A palavra "heliocêntrico" também tem origem grega. Observe abaixo uma representação desse modelo.

Retrato de Nicolau Copérnico, que viveu de 1473 a 1543.

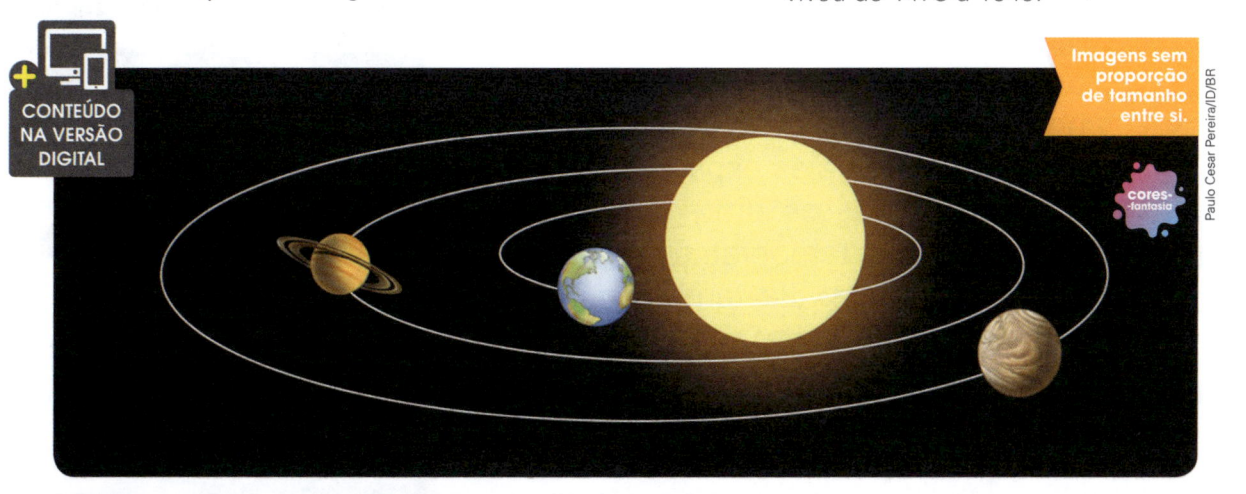

Representação do modelo heliocêntrico. Observe o Sol colocado no centro do que seria o Universo. (Somente alguns planetas estão representados.)

Atualmente, sabe-se que é o Sol que está no centro do Sistema Solar, e que os demais astros, incluindo a Terra, giram ao seu redor.

1 A palavra "modelo" pode ser usada com diferentes significados. Pesquise esses diferentes significados em um dicionário e copie abaixo a definição que julgar correspondente ao significado usado nas páginas 122 e 123.

_____
_____
_____
_____

Viagens espaciais

Levou muito tempo até que as viagens espaciais deixassem de ser um sonho e se tornassem realidade. Para isso, foi necessário adquirir conhecimento, desenvolver materiais e equipamentos e aperfeiçoá-los.

Por sua vez, as viagens espaciais foram responsáveis por muitas descobertas sobre o Universo e a Terra. Além disso, equipamentos e materiais desenvolvidos para essas viagens foram adaptados para a vida cotidiana e hoje beneficiam milhões de pessoas. Veja alguns exemplos:

- os tênis foram desenvolvidos com base em modelos de calçados projetados para os astronautas;
- muitos aparelhos elétricos sem fio, como a broca (usada para perfurar madeira, metal, pedra, etc.), foram desenvolvidos em pesquisas espaciais;
- os tecidos resistentes ao calor, como os que são usados nas roupas dos bombeiros, foram desenvolvidos inicialmente para os trajes espaciais. A roupa dos astronautas os protege dos raios solares e das temperaturas extremas (altas ou baixas). Ela também contém tanques com ar e água.

O astronauta Edwin Aldrin prestes a pisar na Lua, em 1969.

▪ Viagem à Lua

Por enquanto, a Lua é o único astro visitado por seres humanos. A primeira viagem **tripulada** em que seres humanos desembarcaram na Lua aconteceu em julho de 1969.

Os astronautas permaneceram na superfície lunar por duas horas, instalaram aparelhos, coletaram algumas rochas e tiraram muitas fotos. Nos anos seguintes, foram feitas outras viagens tripuladas à Lua. A última ocorreu em 1972.

Tripulado: com tripulantes, isto é, com pessoas a bordo.

Lançamento do foguete Saturno V, da missão Apollo 11, que levou os astronautas até a Lua em julho de 1969. O foguete era tão alto quanto um prédio de 36 andares.

■ Equipamentos espaciais

Mesmo antes da primeira viagem de astronautas à Lua, os cientistas já haviam desenvolvido equipamentos espaciais, como os satélites artificiais e as sondas espaciais.

Satélites artificiais

Os satélites artificiais são equipamentos usados nas **telecomunicações** e **previsões meteorológicas**.

Esses equipamentos são lançados ao espaço e ficam orbitando a Terra, ou seja, dando voltas ao redor do planeta. Atualmente, parte das viagens espaciais tem o objetivo de levar equipamentos ao espaço ou fazer a manutenção em equipamentos que estão na órbita da Terra.

> Imagens sem proporção de tamanho entre si.

> **Telecomunicação:** comunicação feita por sinais enviados a longa distância através de fios, rádio e eletricidade, por exemplo.
> **Previsão meteorológica:** previsão do tempo (se haverá chuva ou sol, por exemplo).

Astronauta fazendo reparos em equipamento na Estação Espacial Internacional. Foto de 2012.

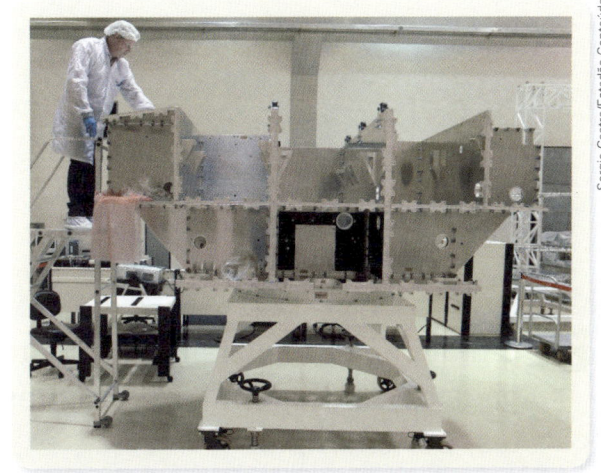

Montagem do satélite CBERS-4, em São José dos Campos, SP. Foto de 2013.

Sondas espaciais

As sondas espaciais são equipamentos que exploram o espaço. Elas realizam viagens não tripuladas e são comandadas por computadores e técnicos instalados em laboratórios na Terra.

As sondas enviam fotos e outras informações do espaço para a Terra. Elas podem ser enviadas a lugares mais distantes do que a Lua, como Marte, que já recebeu sondas espaciais e até robôs.

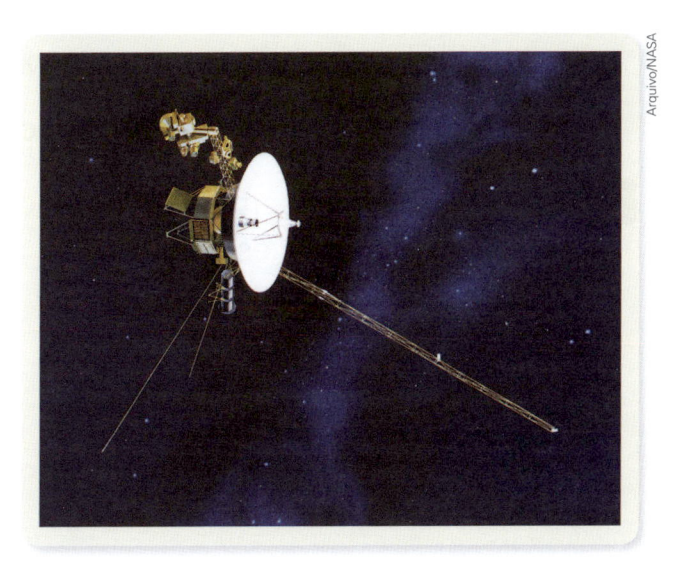

Representação da sonda espacial Voyager.

1 Leia o texto abaixo e responda às questões.

> Ferramentas, pedaços ou lascas de tinta de satélites, naves e foguetes. Dá para acreditar que existem cerca de 370 mil objetos como esses passeando pelo espaço em volta da Terra? Esses pedacinhos de material que ficam em órbita ao redor do planeta são chamados de lixo espacial. Eles faziam parte de objetos que foram enviados ao espaço por um motivo específico, mas, com o passar do tempo, tornaram-se inúteis – ou seja, viraram lixo. [...]
>
> Você deve estar pensando: "se os objetos são tão pequenos, por que ter medo?" [...] "Muitos desses objetos têm cerca de um centímetro, mas o que conta é a velocidade que eles atingem – podem chegar a até 14 mil quilômetros por hora, o que pode causar danos sérios em naves ou satélites." [...]

Nicolly Vimercate. Lixo no espaço. *Ciência Hoje das Crianças*, 7 jul. 2011. Disponível em: <http://linkte.me/ghqqz>. Acesso em: 18 fev. 2016.

■ O que é lixo espacial? Por que ele pode ser perigoso?

_____
_____
_____
_____

2 Em dupla, entrevistem um adulto que tenha acompanhado a chegada do ser humano à Lua. Antes, preparem uma lista de perguntas, por exemplo:

- Quantos anos você, entrevistado, tinha naquela época?
- Como você ficou sabendo que os astronautas tinham chegado à Lua?
- Como você achou que seriam as viagens espaciais dali em diante?

Registrem as perguntas e as respostas no caderno.

3 Em dupla, pesquisem quais tipos de informação podem ser obtidos pelos satélites espaciais.

_____
_____
_____
_____
_____

4 Leia a reportagem abaixo e depois responda às questões.

Imagens sem proporção de tamanho entre si.

A Nasa anunciou a existência de água na forma líquida em Marte na última segunda-feira [28/9/2015]. [...] De acordo com a agência espacial americana, a descoberta aumenta as possibilidades de que exista, atualmente, algum tipo de vida no planeta. Água na forma líquida é uma das condições primordiais para o surgimento e desenvolvimento de vida em qualquer parte do Sistema Solar. [...]

De acordo com os cientistas, a água líquida, mesmo salgada, permite a realização das reações químicas fundamentais à vida. Contudo, apesar de essencial, ela não é sinônimo do surgimento de vida. Para que isso aconteça, vários outros elementos precisam se somar à existência de água. [...]

"É preciso buscar outras evidências [...]", explica Amâncio Friaça, professor do Instituto de Astronomia, Geofísica e Ciências Atmosféricas da Universidade de São Paulo (IAG-USP). "Precisamos de missões com observações mais refinadas, capazes de identificar um sistema vivo atualmente ou microfósseis. A água é fundamental para a vida. Mas ainda falta muita coisa." [...]

O jipe-robô Curiosity (com cerca de três metros de comprimento e dois metros de largura) foi responsável pela coleta e análise de dados na superfície de Marte, em 2012.

Foto tirada pelo robô Curiosity em Marte, em 2012, mostrando o monte Sharp.

Gabriela Neri e Rita Loiola. A Nasa achou água líquida em Marte. O que falta para encontrar vida? *Veja.com*, 29 set. 2015. Disponível em: <http://linkte.me/y73u0>. Acesso em: 17 jun. 2016.

a. Que informação o robô Curiosity forneceu aos especialistas?

b. Isso significa que existe vida em Marte?

Agora já sei!

1 Astrônomo é o profissional que estuda o Universo e os astros, como as estrelas, os planetas e os satélites. Ele procura desvendar os movimentos, a estrutura, a idade e outras características desses astros.

- Se você fosse astrônomo, o que gostaria de pesquisar?

_____

_____

Astrônoma Beatriz Barbuy, professora e pesquisadora do Instituto de Astronomia, Geofísica e Ciências Atmosféricas da Universidade de São Paulo (IAG-USP).

2 Carlos mora em uma pequena cidade do litoral brasileiro onde não há energia elétrica. Todas as noites, ele acompanha sua mãe até a casa de uma amiga dela.

- Quais fases da Lua seriam mais propícias para eles caminharem à noite sem usar lanterna? Desenhe essas fases no espaço abaixo.

3 A foto ao lado mostra um travesseiro que foi feito com um material conhecido como viscoelástico. Esse material foi desenvolvido originalmente pela Nasa para ser usado em aeronaves. O viscoelástico tem a capacidade de absorver impactos e depois voltar a sua forma original.

- Assim como o viscoelástico, outras tecnologias desenvolvidas em centros de pesquisas espaciais foram adaptadas e transformadas em produtos que usamos em nosso dia a dia. Reveja os exemplos da página 124 e escolha aquele que mais facilitou sua vida. Converse com os colegas e compartilhe com eles como você utiliza esse material.

4 A foto ao lado mostra o exterior de um planetário construído em Cambridge, na Grã-Bretanha, por volta do ano 1750 e mantido até 1871. No interior dele, trinta pessoas podiam assistir sentadas à projeção dos movimentos dos planetas do Sistema Solar e da passagem das estrelas durante a noite.

Com os colegas, respondam às questões a seguir.

a. Vocês acham que hoje as dúvidas e o interesse das pessoas em relação à astronomia mudaram ou são os mesmos daquela época?

b. Em sua opinião, o público que frequentava planetários antigamente era o mesmo que os frequenta nos dias de hoje?

c. Vocês acham que o trabalho desenvolvido pelos astrônomos naquela época era parecido com o trabalho dos astrônomos nos dias de hoje?

5 Observe as imagens abaixo.

Satélite meteorológico.

Imagem do planeta Terra registrada por satélite meteorológico.

■ Qual a relação entre os satélites artificiais e a previsão do tempo?

_____

_____

Vamos fazer!

Observando as sombras

Você já experimentou medir a sua sombra em diferentes horários do dia? Realize esta atividade com um colega.

Do que vocês vão precisar

- pedaço de giz, carvão ou tijolo
- fita métrica ou trena

Como fazer

1. Esta atividade deve ser realizada em um dia de sol. Procurem um local plano, com piso cimentado, iluminado pelo Sol o dia todo.

2. Marquem um **X** no chão com o giz.

3. Vocês vão medir a sombra em três horários. No começo da manhã, um de vocês fica em pé sobre o **X**. O outro marca com o giz o ponto onde termina a sombra produzida pelo colega e anota ao lado o horário em que a marca foi feita.

4. Meçam o comprimento da sombra com o auxílio de uma fita métrica. Anotem essa medida ao lado do horário.

5. Você e o colega devem voltar ao local por volta do meio-dia. O mesmo colega que ficou pela manhã sobre a marca **X** fica novamente nesse mesmo lugar. O outro anota a posição da sombra, sem se esquecer de escrever o horário e o tamanho da sombra ao lado da marca.

6. Repitam o procedimento no fim da tarde.

7. Ao final, registrem todas as anotações no caderno.

Atenção!

Evite ficar muito tempo exposto ao sol. Use boné, camiseta e filtro solar, para evitar queimaduras na pele.

Vamos fazer o registro

1 Organizem os resultados na tabela abaixo.

Tabela das medidas de sombra em três momentos do dia	
Data: ___/___/___	
Horário em que a sombra foi medida	Tamanho da sombra

2 Utilizem os dados da tabela para escrever um pequeno texto explicando o que aconteceu com o tamanho e a posição das sombras ao longo do dia.

_____
_____
_____
_____
_____

3 Relacionem a posição do Sol no céu com as mudanças de posição e tamanho das sombras.

_____
_____
_____

4 Que movimento da Terra está relacionado ao movimento das sombras?

_____

5 Considerando a atividade prática desenvolvida por vocês, identifiquem a fonte de luz, o objeto e o anteparo.

_____
_____

O que aprendi?

1. Estas figuras representam o planeta Terra em dois momentos de sua rotação.

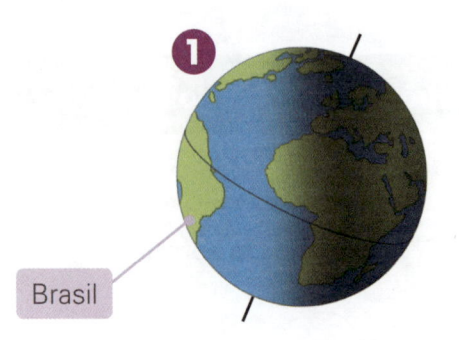

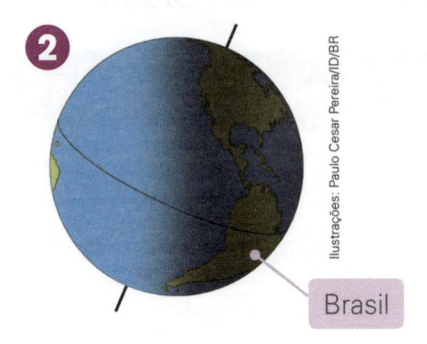

Imagens sem proporção de tamanho entre si.

1 Brasil

2 Brasil

a. As figuras abaixo representam cenas no Brasil. Relacione as figuras (**A** e **B**) com as imagens da Terra apresentadas acima (**1** e **2**). Indique qual das figuras acima representa melhor o momento de cada figura abaixo.

b. Imagine que as duas crianças das figuras abaixo moram no Japão. Relacione essas figuras (**C** e **D**) com as imagens da Terra apresentadas acima (**1** e **2**). Indique qual das figuras da Terra representa melhor o momento de cada figura abaixo.

c. Converse com os colegas e comparem suas respostas.

2 Leia o texto abaixo e responda às questões.

> [...] Os indígenas associavam as estações do ano e as fases da Lua com a biodiversidade local, para determinarem a época de plantio e da colheita [...]. Eles consideram que a melhor época para certas atividades, tais como a caça, o plantio e o corte de madeira, é perto da lua nova, pois perto da lua cheia os animais se tornam mais agitados devido ao aumento de luminosidade [...].

Germano B. Afonso. *Astronomia indígena*. Anais da 61ª Reunião Anual da SBPC. Manaus, AM, jul. 2009. Disponível em: <http://linkte.me/g6d8u>. Acesso em: 18 fev. 2016.

a. De que maneira os conhecimentos astronômicos são úteis aos povos indígenas?

_____

_____

b. Por que as noites de lua cheia são mais claras que as noites de lua nova?

_____

_____

_____

3 Leia a letra da música abaixo, de Sheila Cantuária, e complete os espaços.

São dois os movimentos	E a esse movimento chamam
Que ao mesmo tempo eu faço	_____.
Seguindo o compasso	Eu tenho um namorado
Desse meu coração	Que vivo a rodear
Eu danço, danço, danço	O nome dele é _____ me dá
Eu danço sem parar	luz e calor
Levo a vida fazendo piruetas no ar	Pra ele eu danço um ano
O meu nome é Terra	e trago as estações
Eu gosto de girar	E não me canso não
Em volta de mim mesma	E a esse movimento chamam
Pra me apreciar	_____.
Eu danço um dia inteiro e não me canso não	

Bia Bedran. Dança dos movimentos da Terra. Disponível em: <http://linkte.me/y0yoy>. Acesso em: 17 jun. 2016.

UNIDADE 4
Ser humano e saúde

Ao crescer e se desenvolver, é possível notar mudanças no corpo e no jeito de ser. A cada dia você aprende coisas novas, memoriza informações, realiza conquistas e, assim, vai se transformando. Durante esses processos, não se deve esquecer da saúde!

- A imagem mostra um passeio ciclístico. Nela há quatro erros. Encontre e circule esses erros.

- É comum ouvir que nunca se esquece como se anda de bicicleta. Localize ao lado uma imagem que ilustra esse aprendizado. Que parte do corpo é responsável por armazenar as informações aprendidas?

- As pessoas da figura têm a mesma idade? Como você sabe?

- Em sua opinião, qual é a diferença entre passear sozinho ou participar de um passeio com a turma? Como você se sente nesses dois casos?

135

CAPÍTULO 1 — Cuidando bem de si

A radiografia é uma técnica que permite visualizar alguns órgãos, por exemplo, os ossos. A imagem é produzida com o uso de raios X e permite analisar em que condição encontra-se o órgão a ser avaliado.

Observe as duas radiografias a seguir. A primeira mostra um osso fraturado; a segunda apresenta um osso que havia sido fraturado e que depois de algum tempo foi reconstituído.

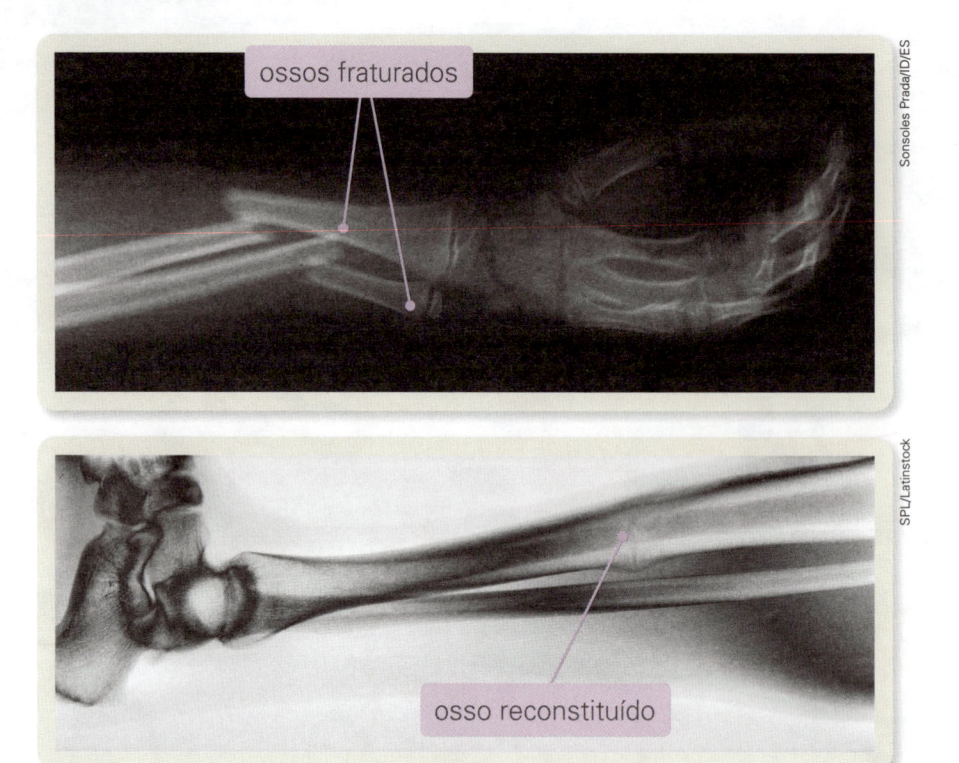

ossos fraturados

osso reconstituído

1 Qual parte do corpo humano foi radiografada em cada imagem?

2 Você já fraturou algum osso ou conhece alguém que já tenha fraturado? Como a fratura aconteceu? Que tipo de tratamento foi aplicado no local? Converse com os colegas.

3 Por que imobilizamos o membro quando um osso se quebra?

O esqueleto humano

O conjunto de ossos do corpo é chamado **esqueleto**.

As figuras abaixo representam o esqueleto humano. Observe algumas das diferentes partes que o formam.

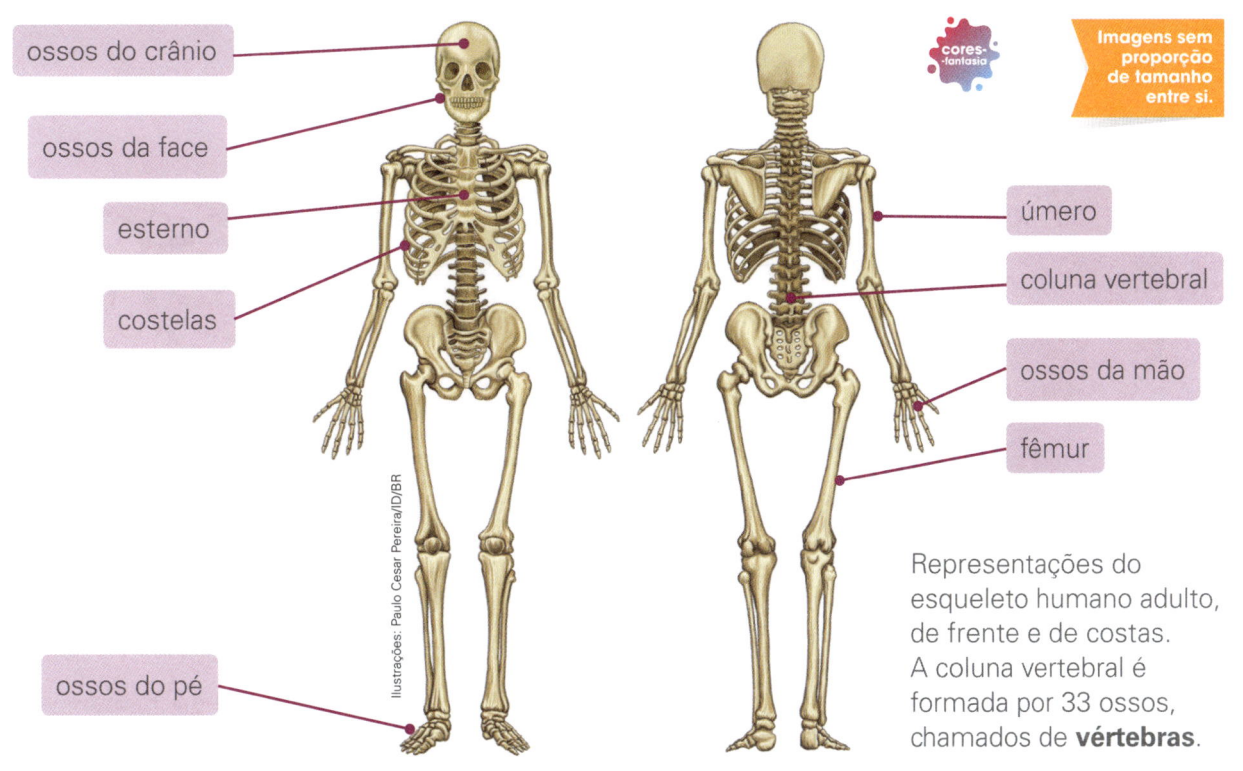

Imagens sem proporção de tamanho entre si.

- ossos do crânio
- ossos da face
- esterno
- costelas
- ossos do pé
- úmero
- coluna vertebral
- ossos da mão
- fêmur

Representações do esqueleto humano adulto, de frente e de costas. A coluna vertebral é formada por 33 ossos, chamados de **vértebras**.

Fonte de pesquisa das ilustrações: G. J. Tortora e S. R. Grabowski. *Corpo humano*. Porto Alegre: Artmed, 2006. p. 127.

➕ SAIBA MAIS

Quem tem mais ossos, um bebê ou um adulto?

Os recém-nascidos têm um número maior de ossos que os seres humanos adultos. Nos bebês, existem espaços entre alguns ossos do crânio, por exemplo.

À medida que a criança se desenvolve, esses ossos crescem até se unirem uns aos outros. Os espaços entre os ossos são chamados de fontículos, popularmente conhecidos como moleiras.

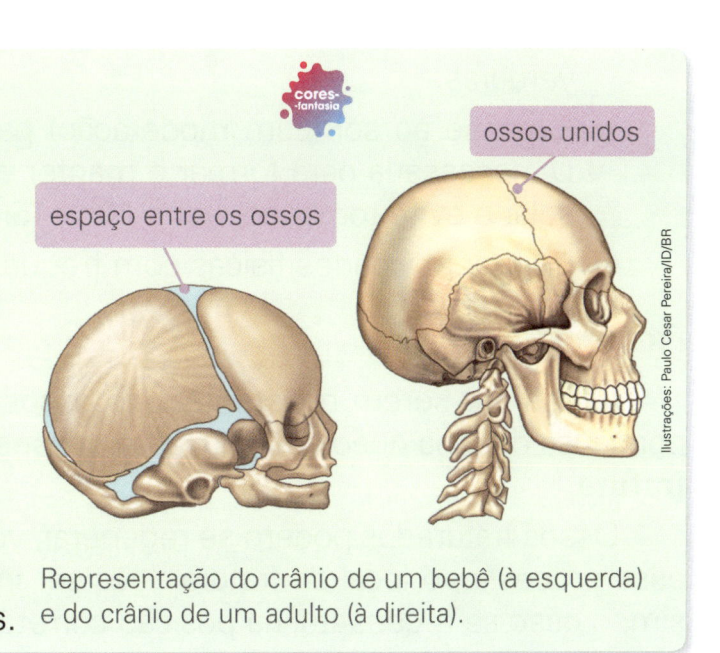

- espaço entre os ossos
- ossos unidos

Representação do crânio de um bebê (à esquerda) e do crânio de um adulto (à direita).

Fonte de pesquisa das ilustrações: G. J. Tortora e S. R. Grabowski. *Corpo humano*. Porto Alegre: Artmed, 2006. p. 128 e 134.

▬ Funções do esqueleto

O esqueleto possui diversas funções, entre elas a sustentação do corpo e sua locomoção. Além disso, o esqueleto protege os principais órgãos internos. O cérebro, por exemplo, é protegido pelo crânio. As costelas, a coluna vertebral e o esterno formam uma estrutura chamada **caixa torácica**, que protege o coração e os pulmões.

Os ossos também armazenam sais minerais, como os sais de cálcio.

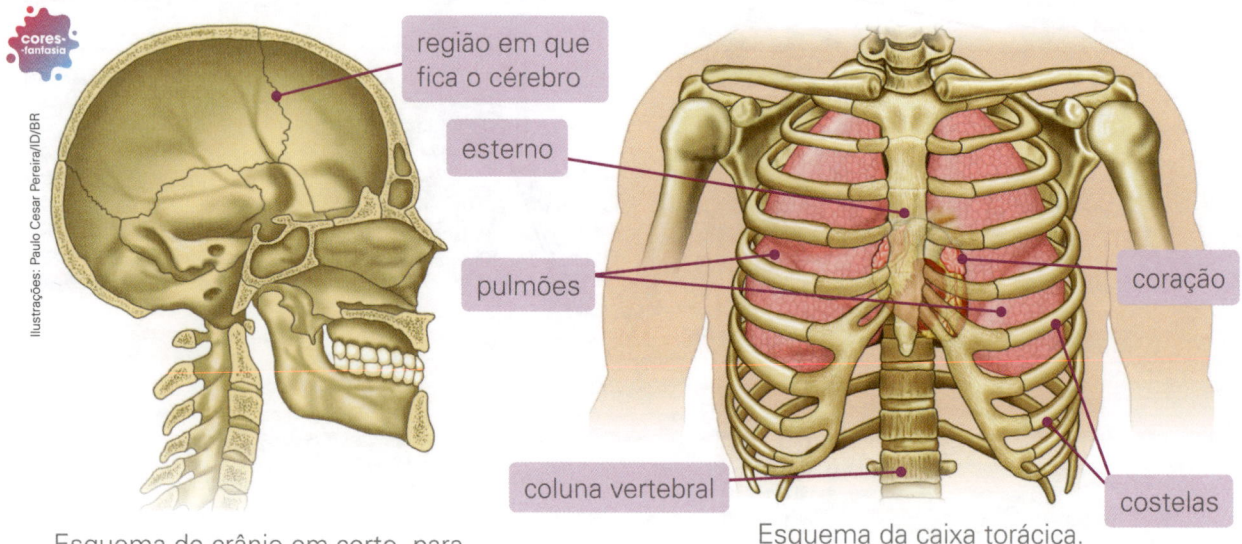

Imagens sem proporção de tamanho entre si.

Esquema de crânio em corte, para indicar a posição do cérebro.

Esquema da caixa torácica.

Fonte de pesquisa das ilustrações: G. J. Tortora e S. R. Grabowski. *Corpo humano*. Porto Alegre: Artmed, 2006. p. 13 e 129.

▬ Cuidados com os ossos

Para ter ossos saudáveis, são necessários alguns cuidados:
- Ingerir alimentos ricos em cálcio, como leite, queijo, manteiga, frutas e verduras.
- Expor-se ao sol (com moderação) para que o corpo produza vitamina D, necessária para formar e manter os ossos. Lembre-se de usar filtro solar e evite tomar sol entre 10h e 15h.
- Praticar atividades físicas com frequência, para fortalecer os ossos.

Fratura

Apesar de serem resistentes, os ossos podem se romper, por exemplo, por causa de uma queda ou pancada. Nesses casos, dizemos que ocorreu uma **fratura**.

Ossos fraturados podem se regenerar, voltando a ser como antes. Durante esse processo, o local da fratura deve ser imobilizado com gesso ou tala. Assim, o osso se reconstitui na posição correta.

O tempo de recuperação depende do tipo de fratura e da idade do paciente.

Ossos de vários formatos

Os ossos do esqueleto humano não são todos iguais. Eles têm tamanhos e formatos diferentes. Podem ser:

- longos, como o fêmur;
- curtos, como os ossos do punho;
- planos (finos e achatados), como o esterno;
- irregulares (não se encaixam nessas categorias), como as vértebras.

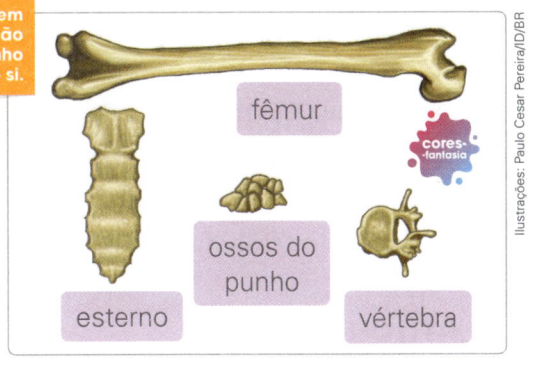

Imagens sem proporção de tamanho entre si.

Exemplos de ossos de diferentes formatos.

Fonte de pesquisa das ilustrações: G. J. Tortora e S. R. Grabowski. *Corpo humano*. Porto Alegre: Artmed, 2006. p. 137, 141, 144 e 147.

1 A figura abaixo representa os ossos do braço. Em sua opinião, qual é o tamanho dos ossos indicados?

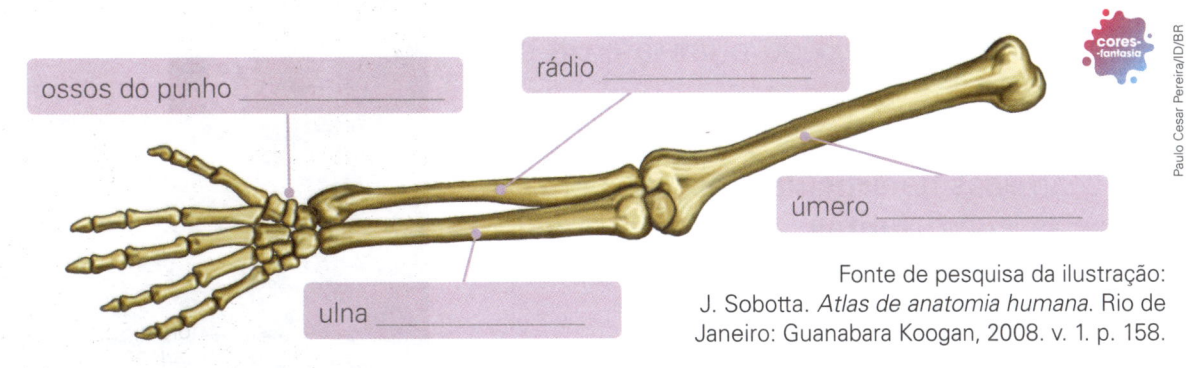

Fonte de pesquisa da ilustração: J. Sobotta. *Atlas de anatomia humana*. Rio de Janeiro: Guanabara Koogan, 2008. v. 1. p. 158.

2 Analise novamente o esquema da caixa torácica da página 138. Agora, apalpe seu corpo para localizar o esterno e as costelas. Com base nisso, mostre a um colega em que posição estão seu coração e seus pulmões.

3 Observe atentamente as figuras ao lado. A imagem **A** é uma representação dos ossos analisados no exame **B**.

a. Que exame é esse?

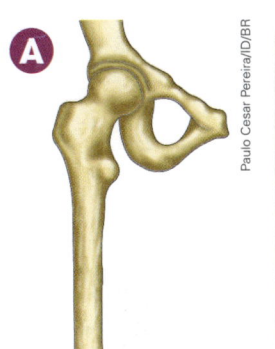

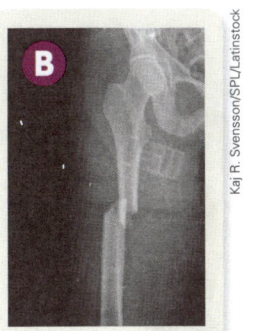

b. Os ossos nas imagens **A** e **B** são idênticos? Por quê?

c. Que tratamento o paciente analisado com o exame **B** deve seguir?

Mover o corpo

Os movimentos do corpo permitem realizar muitas atividades diárias, como andar, correr, escrever ou levar um garfo até a boca. Ossos, articulações e músculos participam da realização dos movimentos.

Flexível: que se dobra ou se curva com facilidade.

■ Articulações

Os ossos são estruturas rígidas, ou seja, não são **flexíveis**. Como é possível então dobrar a perna e o braço?

Observe a imagem do esqueleto humano ao lado. Existem algumas regiões em que dois ossos se unem – por exemplo, entre o antebraço e o braço ou entre a coxa e o quadril.

As regiões em que os ossos se unem são chamadas de **articulações**, também conhecidas como **juntas**. Graças às articulações, podemos realizar movimentos, como abaixar e levantar.

Algumas articulações são móveis, como a do joelho, a do ombro e a do cotovelo. Outras são semimóveis, pois permitem pequenos movimentos, como as da coluna vertebral. Outras, ainda, são fixas ou imóveis, isto é, não permitem o movimento dos ossos, como as que unem os ossos do crânio.

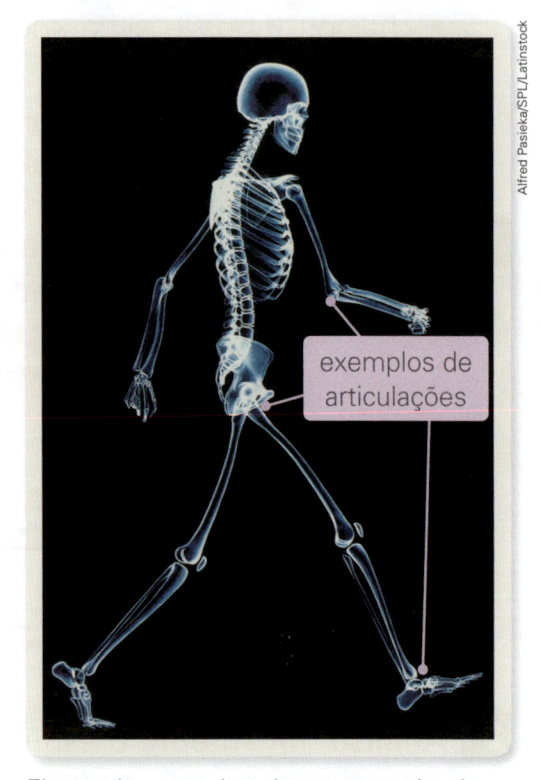

exemplos de articulações

Figura de esqueleto humano andando, produzida a partir de imagem obtida com raios X. Além das articulações identificadas, quais você consegue encontrar nesse esqueleto?

Algumas articulações permitem movimentos amplos, como os movimentos das pernas e dos braços.

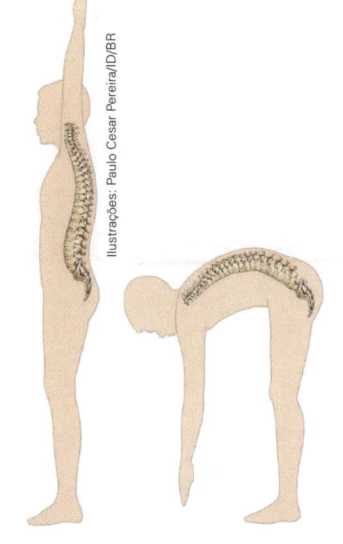

Outras articulações permitem apenas movimentos pequenos, como os da coluna vertebral.

Cuidados com as articulações

Para evitar problemas nas articulações, devemos tomar alguns cuidados. Confira as orientações a seguir.

- Evitar que a massa do corpo ultrapasse o limite adequado à idade, pois esse excesso pode sobrecarregar a coluna vertebral.
- Não carregar objetos de muita massa, como mochilas muito cheias, e também evitar carregá-los sobre apenas um lado do corpo.
- Manter a coluna na postura correta durante a realização das atividades diárias e ao sentar-se.
- Praticar exercícios físicos regularmente.

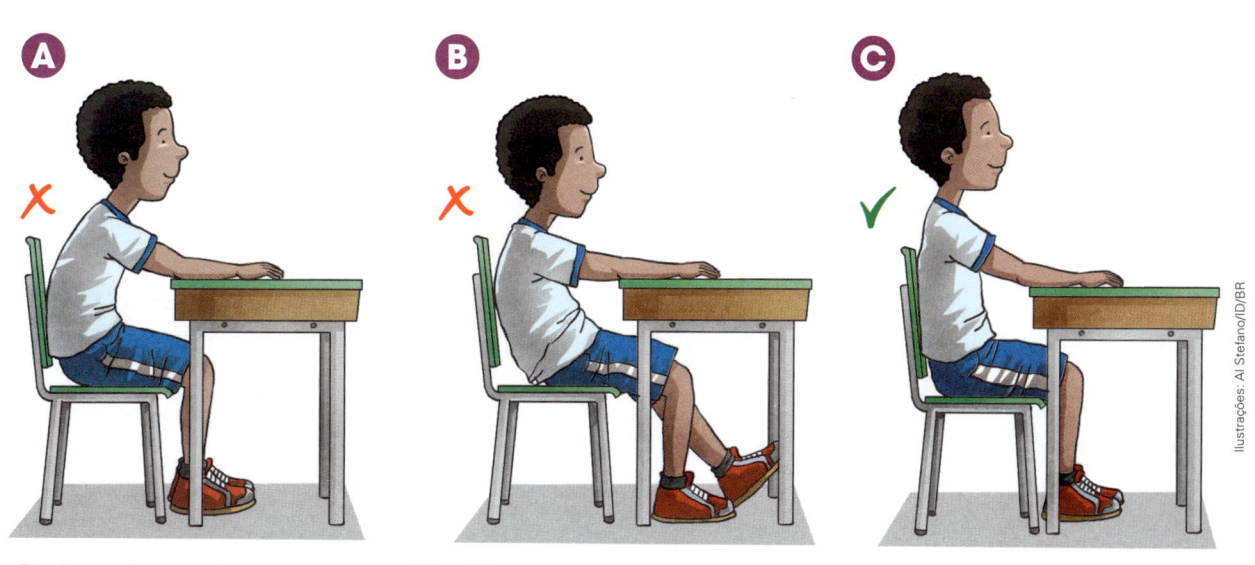

Posturas incorretas ao sentar-se (**A** e **B**).

Postura correta ao sentar-se (**C**).

🔧 Na prática

Respirar profundamente

A qualidade da nossa respiração depende, entre outros aspectos, da nossa postura corporal. Acompanhe.

Você vai precisar de: uma carteira escolar.

Experimente

- Observe as figuras acima. Sente-se imitando a posição mostrada na figura **A**. Respire profundamente algumas vezes e sinta sua respiração. Agora faça o mesmo, dessa vez imitando a postura da figura **C**.

Responda

- Que diferença você nota entre as duas situações?

■ Músculos

Os ossos não se movimentam sozinhos. Eles estão presos aos músculos por meio de tendões.

Os músculos têm a capacidade de se contrair (ou seja, de ficar mais curtos) e relaxar (voltar ao tamanho original). Durante esses processos, os músculos movimentam o osso ao qual estão presos, "puxando-o".

Imagens sem proporção de tamanho entre si.

Representação de movimentos do braço.

Fonte de pesquisa das ilustrações: *Anatomia humana*. São Paulo: Ática, 2010. p. 11. (Série Atlas Visuais).

Sistema muscular

O conjunto de músculos que formam nosso corpo é chamado de **sistema muscular**. Nas ilustrações abaixo você pode conferir alguns músculos responsáveis por movimentos do corpo humano.

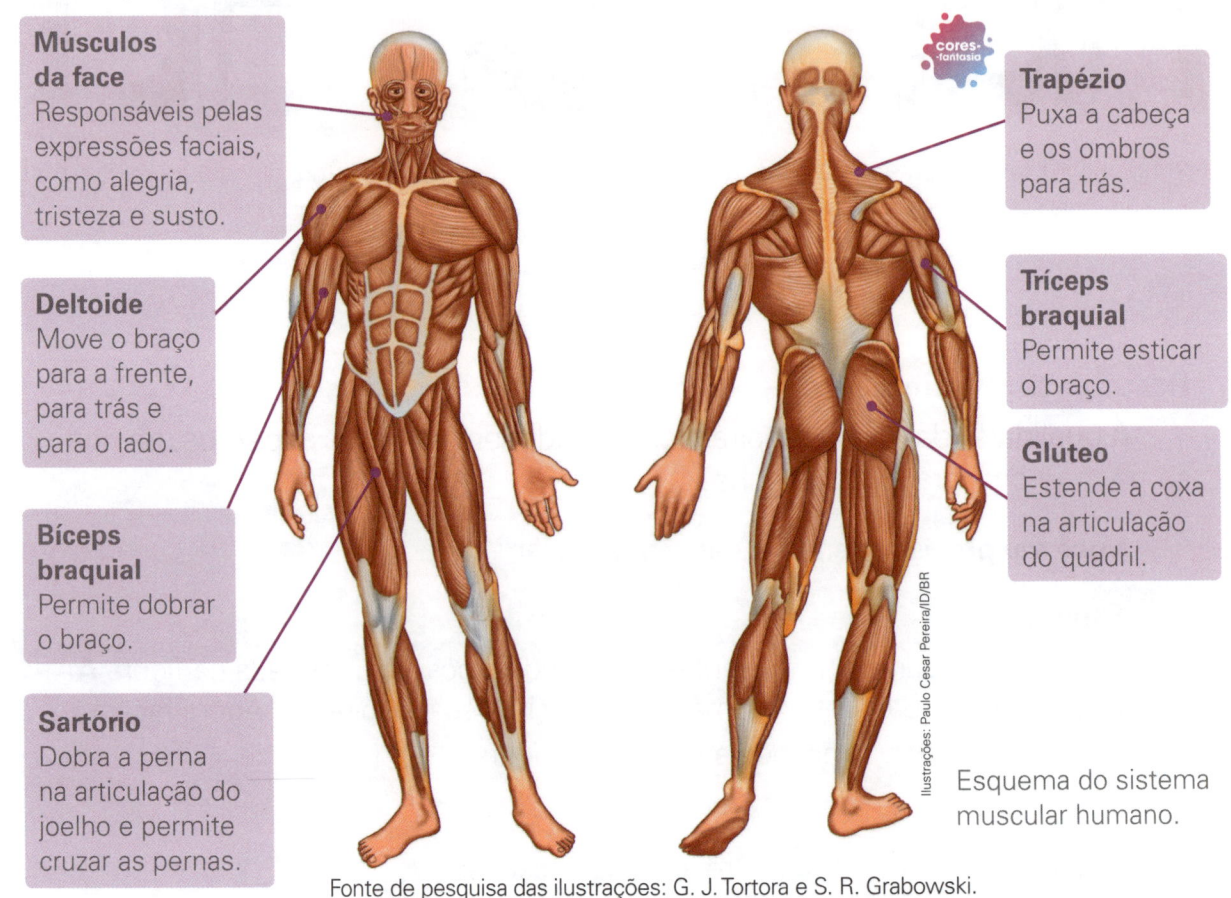

Músculos da face
Responsáveis pelas expressões faciais, como alegria, tristeza e susto.

Deltoide
Move o braço para a frente, para trás e para o lado.

Bíceps braquial
Permite dobrar o braço.

Sartório
Dobra a perna na articulação do joelho e permite cruzar as pernas.

Trapézio
Puxa a cabeça e os ombros para trás.

Tríceps braquial
Permite esticar o braço.

Glúteo
Estende a coxa na articulação do quadril.

Esquema do sistema muscular humano.

Fonte de pesquisa das ilustrações: G. J. Tortora e S. R. Grabowski. *Corpo humano*. Porto Alegre: Artmed, 2006. p. 194-195.

Movimentos voluntários e movimentos involuntários

Alguns movimentos são realizados de forma voluntária, ou seja, de acordo com nossa vontade. É o que acontece, por exemplo, quando vamos até a cozinha tomar um copo de água ou quando rebatemos uma bola de tênis.

Mas há partes do corpo humano que se movimentam independentemente da nossa vontade.

O coração, por exemplo, é formado por um músculo que se contrai cerca de 70 vezes por minuto, dia e noite. Os batimentos do coração e a contração da musculatura de órgãos como o estômago são exemplos de movimentos involuntários. Eles não dependem da nossa vontade para acontecer.

1 A criança da foto ao lado está brincando. Escreva nos espaços em branco o nome das articulações indicadas pelas letras.

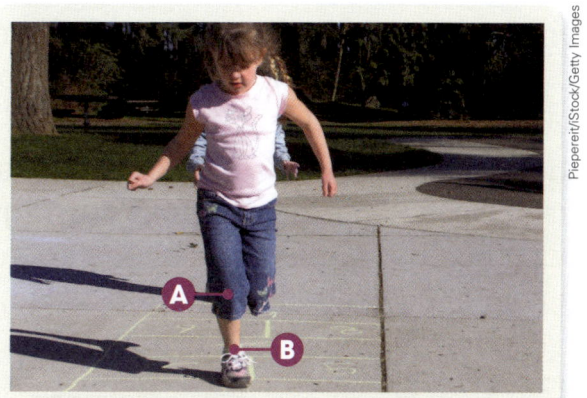

Ⓐ _____

Ⓑ _____

2 Observe as figuras a seguir.

a. Analisando o sistema muscular da página 142, qual músculo a mulher deve ter utilizado para mudar sua posição de 1 para 2? Esse é um movimento voluntário ou involuntário? Por quê?

_____

_____

b. Enquanto a mulher está cruzando a perna, seu coração fica parado? Explique.

_____

_____

A transmissão de doenças

O corpo humano tem defesas contra os microrganismos causadores de doenças. Algumas vezes, as defesas do corpo são capazes de matar esses microrganismos antes mesmo que eles provoquem a doença. Outras vezes, os microrganismos se reproduzem muito rapidamente e as defesas do corpo não conseguem matá-los. Nesse caso, ficamos doentes.

Durante a doença, as defesas do corpo continuam combatendo os microrganismos, e muitas vezes nos recuperamos alguns dias depois. É o que geralmente acontece com gripes ou resfriados.

As doenças transmitidas de uma pessoa para outra são chamadas de **doenças contagiosas**. No quadro abaixo, há informações sobre a gripe e a cólera, duas doenças contagiosas.

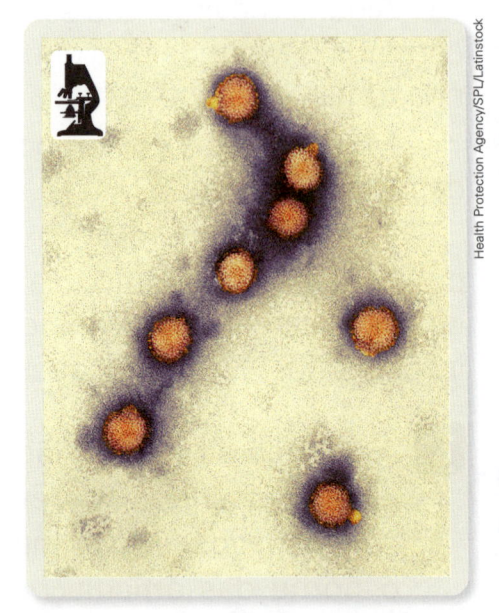

Vírus causadores da gripe vistos ao microscópio. Essa imagem foi ampliada cerca de 75 mil vezes e colorida artificialmente.

Nome da doença	Microrganismo causador	Sintomas	Como ocorre a transmissão
Gripe	Vírus	Dores no corpo, tosse e febre.	Saliva contaminada (espirro, tosse, beijo, copos e talheres).
Cólera	Bactéria	Diarreia, vômitos, dores no abdome e febre alta.	Por água, frutas ou verduras contaminadas pela bactéria.

▬ Prevenção de doenças

Os hábitos de higiene ajudam a prevenir doenças porque reduzem a quantidade de microrganismos que entram em contato com o corpo. Ao lavar as mãos antes de comer, por exemplo, você evita que os microrganismos presentes nas mãos entrem em seu corpo pela boca.

Tomar banho diariamente, manter as unhas cortadas e escovar os dentes após as refeições também são hábitos de higiene que ajudam a evitar doenças.

O espirro de uma pessoa gripada libera no ar minúsculas gotas de saliva que podem atingir outras pessoas e contaminá-las.

Vacinação

As vacinas podem prevenir doenças porque estimulam as defesas do nosso corpo contra certos microrganismos.

Por exemplo, a vacina contra a paralisia infantil estimula o corpo a produzir defesas contra o vírus causador dessa doença. Se a criança vacinada entrar em contato com esse vírus, as defesas de seu corpo podem eliminá-lo antes que ele provoque a doença.

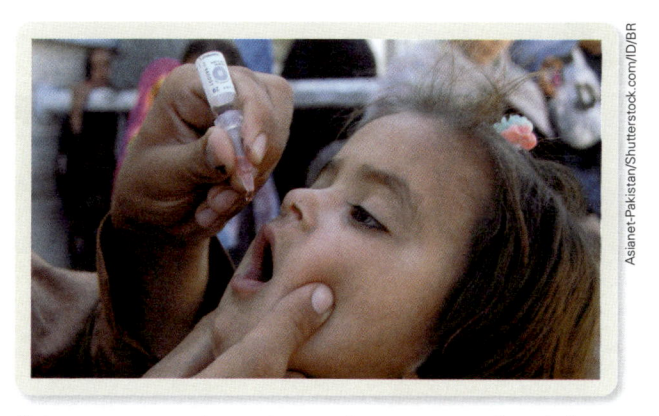

Criança tomando vacina oral contra a poliomielite, também chamada de paralisia infantil.

Cada vacina protege o corpo contra uma doença específica. Por isso, é importante tomar todas as vacinas presentes no Calendário de Vacinação.

As vacinas a seguir são recomendadas pelo Calendário Nacional de Vacinação do Adolescente. Elas são encontradas nos postos de saúde.

- Vacina contra difteria e tétano: Aplicada uma dose a cada dez anos.
- Vacina contra hepatite tipo B: Aplicada nos adolescentes que não foram vacinados quando crianças.
- Vacina contra sarampo e rubéola: Aplicada nos adolescentes que não foram vacinados quando crianças.
- Vacina contra febre amarela: Aplicada nos adolescentes que vivem em regiões onde existem casos da doença ou nos adolescentes que pretendem viajar para esses locais. É preciso tomar uma dose a cada dez anos.

Não existem vacinas contra todas as doenças. Os cientistas trabalham para desenvolver vacinas novas e mais eficientes.

1 Sua vacinação está em dia? Consulte seu cartão de vacinação: Qual foi a última vacina que você tomou?

_____

2 Preencha o quadro com dados sobre uma doença que você contraiu.

Nome da doença:	
O que você sentiu (quais foram os sintomas)?	_____
Como se transmite essa doença?	_____

Agora já sei!

1 Observe a figura abaixo.

a. Neste capítulo você estudou alguns cuidados que devemos ter com o nosso corpo e também aprendeu sobre as atitudes que prejudicam a saúde. Encontre na cena acima atitudes de cuidado e atitudes que causam prejuízo à saúde. Explique suas escolhas.

_____
_____
_____
_____

b. Quais das personagens da cena se movimentam por meio de ossos e músculos?

_____

c. Dê um exemplo de movimento voluntário mostrado na ilustração. Quais personagens executam movimentos involuntários?

_____
_____

2 Você sabia que já houve uma época em que as pessoas se revoltaram contra as campanhas de vacinação? Faça uma pesquisa para descobrir o que foi e quando aconteceu a Revolta da Vacina. Utilize livros, enciclopédias e também a internet para coletar informações sobre esse tema. Anote no caderno as informações encontradas.

3 Leia o texto e observe o cartaz abaixo sobre a vacina contra a poliomielite.

Por que deve ser tomada?
Porque a vacina nos protege contra a poliomielite, ou paralisia infantil, uma doença contagiosa e causada por vírus que provoca a paralisia súbita, geralmente nas pernas.

Como é aplicada?
Por via oral e por injeção.

Quem deve tomar?
Todas as crianças menores de 5 anos. São três doses (aos 2 meses, aos 4 meses e aos 6 meses de idade) e um reforço (aos 15 meses). Crianças menores de 5 anos devem ser vacinadas nos dias da Campanha Nacional de Vacinação Contra a Poliomielite, independentemente de já estarem com suas vacinas em dia.

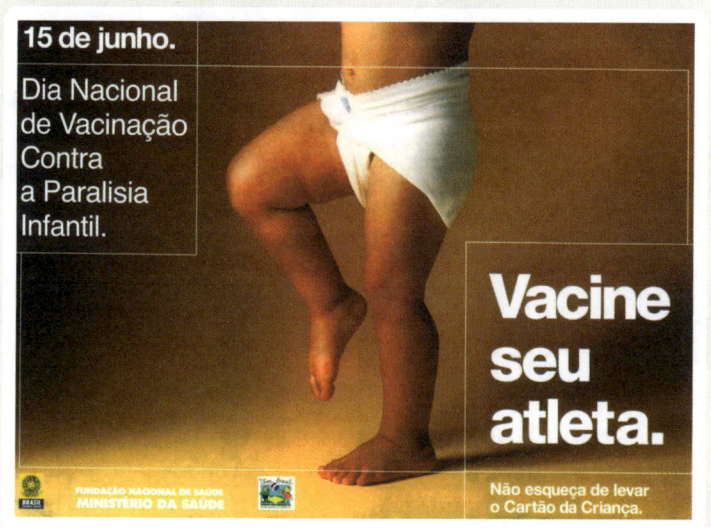

Cartaz do Dia Nacional de Vacinação Contra a Paralisia Infantil do Ministério da Saúde.

Disponível em: <http://linkte.me/jt33b>. Acesso em: 21 jun. 2016.

Texto para fins didáticos

a. Você já tinha ouvido falar em paralisia infantil? O que sabia sobre a doença?

b. Na sua idade, é preciso ser vacinado contra a poliomielite?

CAPÍTULO 2 — **Transformações no corpo e reprodução**

Nosso corpo passa por transformações ao longo de toda a vida. Agora você vai conhecer as transformações que acontecem durante a adolescência.

... que muitas crianças sentem vontade de fazer perguntas sobre o próprio corpo e sobre sexo. E que, por falta de costume, vergonha ou medo das respostas, acabam não abrindo a boca. Que bobagem! Perguntar é sempre bom, quando a gente pergunta para alguém em quem confiamos. E saber é melhor ainda.

... que a adolescência começa quando os meninos e as meninas têm cerca de 12 anos [...]. É um período cheio de novidades e emoções. O corpo muda muito e a cabeça fica superlotada de novas ideias e desejos.

Liliana Iacocca e Michele Iacocca. *Planeta eu*: conversando sobre sexo. 8. ed. São Paulo: Ática, 2010.

1 O texto diz que, durante a adolescência, o corpo e a mente passam por transformações. Você sabe quais são elas? Elas são as mesmas para meninos e meninas? Converse com os colegas.

2 Que diferenças existem entre o corpo de homens e mulheres?

3 Muitas pessoas, crianças e adultos, têm dúvidas sobre sexo. Nessas horas, o melhor é conversar. Com quem você conversa sobre esse assunto?

As fases da vida

Ao longo da vida, vivenciamos diferentes fases: infância, adolescência, fase adulta e velhice. Em todas elas, o corpo passa por mudanças.

No início da vida, o bebê depende da mãe para diversas atividades, como se alimentar e tomar banho. Durante a **infância**, a criança aprende a se deslocar, se comunicar e se alimentar sozinha.

A fase entre a infância e a fase adulta é chamada de **adolescência**. Ela começa, aproximadamente, aos 12 anos e vai até os 18 anos. Nesse período ocorrem intensas transformações físicas e comportamentais.

Depois da adolescência vem a **fase adulta**. Nessa etapa, o crescimento se encerra e o corpo está completamente desenvolvido. A fase adulta é o momento em que homens e mulheres estão mais preparados para ter filhos.

A **velhice** começa por volta dos 60 anos. Nessa fase, o corpo pode se tornar mais frágil e menos vigoroso. Porém, cultivando hábitos saudáveis ao longo da vida, o corpo e a mente podem manter a vitalidade por muito tempo. Em geral, os idosos podem continuar realizando diversas atividades que exerciam na fase adulta.

Imagens sem proporção de tamanho entre si.

Embora existam características e interesses próprios de cada fase, pessoas de todas as idades podem trocar experiências e realizar diversas atividades em conjunto.

■ Período de muitas transformações

No início da adolescência, existe um período chamado de **puberdade**. Nesse período, o corpo da criança começa a se transformar no corpo de um adulto.

A puberdade começa por volta dos 11 ou 12 anos, mas pode acontecer antes ou depois. Não existe uma idade exata para as transformações do corpo, e elas não ocorrem de uma hora para outra. Por isso, não é preciso ter pressa nem comparar seu corpo com o de outras pessoas de sua idade. Cedo ou tarde, todos passam por essas transformações.

O que muda no corpo

Algumas transformações da puberdade acontecem tanto nos meninos quanto nas meninas, outras são diferentes para cada sexo.

Observe a imagem a seguir e leia a descrição de algumas mudanças que ocorrem no corpo durante essa fase.

Ocorre o crescimento em altura, o alargamento dos ombros e o engrossamento da voz.

Além do crescimento em altura e do alargamento dos quadris, há o desenvolvimento das mamas.

Há crescimento de pelos na região pubiana e nas axilas. A pele fica mais oleosa e podem surgir cravos e espinhas. Mais tarde, podem começar a crescer os pelos do rosto (barba e bigode) e do peito.

Aparecem os pelos na região pubiana e nas axilas. A pele fica mais oleosa e podem surgir cravos e espinhas.

O pênis e os testículos aumentam de tamanho; os testículos começam a produzir **espermatozoides**.

Começa o amadurecimento dos **óvulos** e ocorre a primeira menstruação.

Espermatozoide: célula reprodutora masculina.

Óvulo: célula reprodutora feminina.

Principais mudanças corporais em meninos e meninas durante a puberdade.

As mudanças da puberdade são importantes: além de preparar o corpo de meninos e meninas para a vida adulta, essas mudanças os preparam para, mais tarde, se reproduzir, isto é, ter filhos. Mas não é só o corpo que muda: durante a puberdade e ao fim dela, o adolescente se torna mais independente e passa por mudanças de interesses e de comportamento.

Até meninos e meninas ficarem adultos e estarem prontos para ter filhos, eles ainda precisam amadurecer física e emocionalmente.

+ SAIBA MAIS

Tempo de mudanças

[...] o corpo começa a mudar sem muita explicação, e raramente é do jeito que se gostaria que fosse. Algumas coisas crescem demais, outras de menos. A menstruação vem muito cedo ou demora uma eternidade para dar o ar da graça. A pele lisinha começa a ser invadida por cravos e espinhas, e seus pelos (aqueles que você nem percebia que tinha) parecem tomar conta das suas pernas.

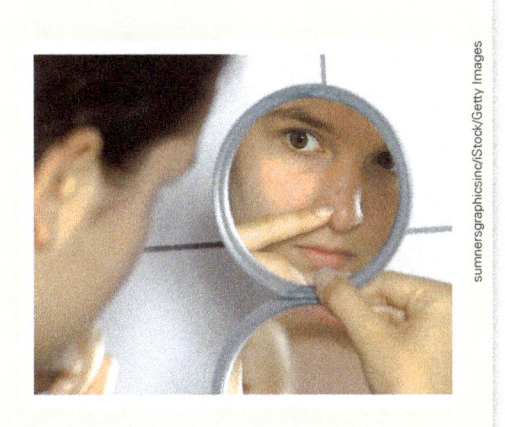

[...] Apesar de soar como mentira, acredite: nada disso é motivo para pânico e, tenha certeza, vai passar. [...] Mas, até lá, a dica é tentar não se preocupar tanto e aprender mais sobre o que está acontecendo com o seu organismo. Quanto mais você entender como funciona seu corpo, menos grilos vão aparecer por aí.

Jairo Bouer. *O corpo das garotas*. São Paulo: Panda Books, 2010. p. 6-7.

1 Junte-se a dois colegas para elaborar um cartaz ilustrado que será exposto no mural da classe. Vocês vão precisar de cartolina e de jornais e revistas que possam ser recortados.

- Procurem, em jornais e revistas, imagens de pessoas nas quatro fases da vida estudadas.

- Conversem entre si e elaborem quatro pequenos textos sobre os desafios enfrentados: na infância, na adolescência, na fase adulta e na velhice.

- Distribuam as imagens na folha de cartolina, agrupando as fases da vida e identificando-as com legendas. Perto de cada fase representada, escrevam um texto sobre os desafios correspondentes.

- Lembrem-se de reservar espaço na cartolina para escrever o título do cartaz.

A reprodução

Os órgãos do corpo responsáveis pela reprodução fazem parte do **sistema genital**.

Imagens sem proporção de tamanho entre si.

▄ O sistema genital dos homens

As ilustrações abaixo mostram a posição dos órgãos do sistema genital masculino. Observando o corpo por fora, é possível ver apenas o pênis e o escroto. Os demais órgãos ficam dentro do corpo.

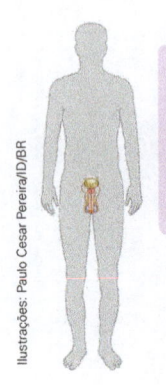

Ductos deferentes
Canais que levam os espermatozoides dos testículos para a uretra.

Testículos
Órgãos que produzem espermatozoides (células reprodutoras masculinas).

Pênis
Dentro dele está a uretra.

Uretra
Canal que, entre outras funções, leva os espermatozoides para fora do corpo.

Escroto
Local onde os testículos ficam alojados.

Ilustrações: Paulo Cesar Pereira/ID/BR

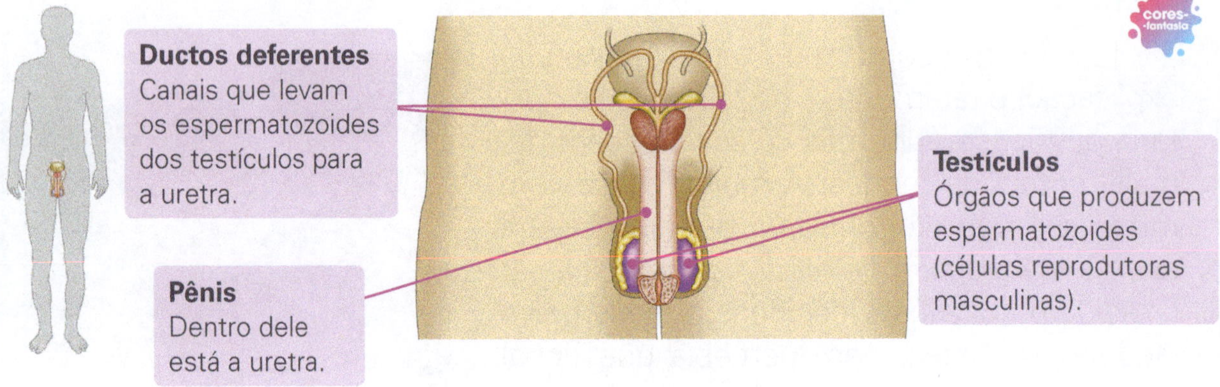

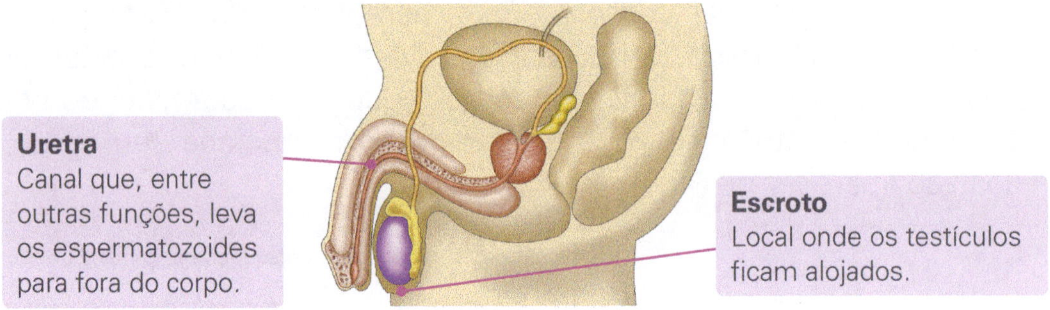

Representações do sistema genital masculino em visão frontal e visão lateral.

Fonte de pesquisa das ilustrações: J. Sobotta. *Atlas de anatomia humana*. Rio de Janeiro: Guanabara Koogan, 2006. v. 1. p. 15.

Na puberdade, os testículos passam a produzir **espermatozoides**, que são células reprodutoras masculinas.

Milhões de espermatozoides são produzidos diariamente. Eles têm formato alongado e deslocam-se por meio de movimentos da longa cauda.

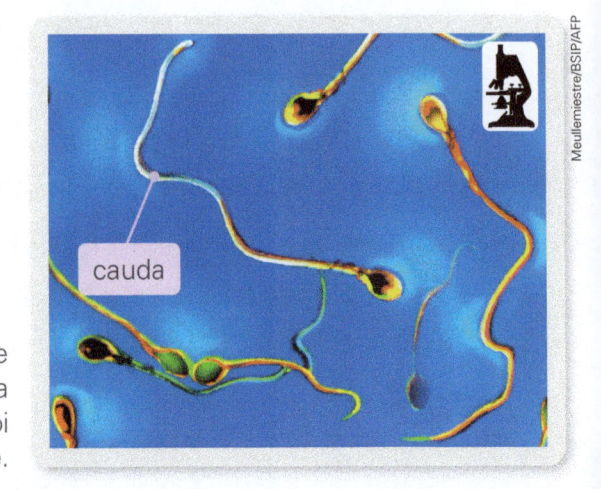

cauda

Os espermatozoides são células muito pequenas e não podem ser vistos a olho nu. Esta foto mostra espermatozoides observados ao microscópio. Ela foi ampliada cerca de 1 200 vezes e colorida artificialmente.

O sistema genital das mulheres

As ilustrações abaixo mostram a posição dos órgãos do sistema genital feminino. Os órgãos desse sistema ficam dentro do corpo da mulher.

Imagens sem proporção de tamanho entre si.

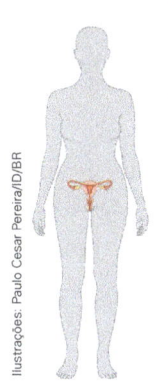

Tubas uterinas
Canais que ligam os ovários ao útero. Os óvulos produzidos pelos ovários passam por esses canais até chegar ao útero.

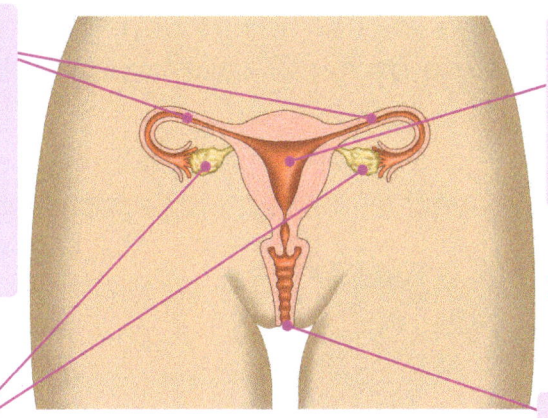

Útero
Órgão onde ocorre o desenvolvimento do bebê, quando a mulher fica grávida.

cores-fantasia

Ovários
Órgãos que produzem óvulos (células reprodutoras femininas).

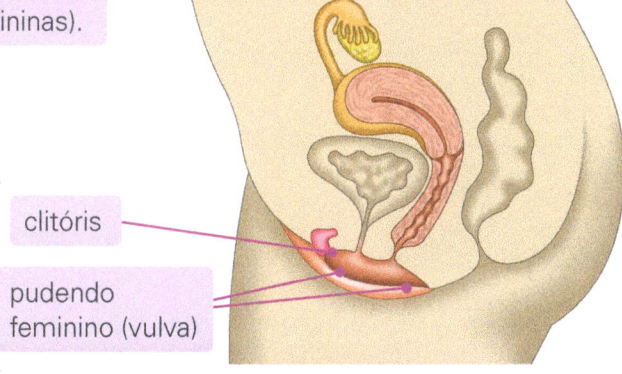

Vagina
Canal que liga o útero à parte externa do corpo. A abertura da vagina se localiza perto da abertura da uretra, por onde sai a urina.

Estruturas externas
- clitóris
- pudendo feminino (vulva)

Ilustrações: Paulo Cesar Pereira/ID/BR

Representações do sistema genital feminino em visão frontal e visão lateral. O útero e a vagina aparecem em corte; a tuba uterina direita foi representada fora de sua posição normal para melhor visualização.

Fonte de pesquisa das ilustrações: J. Sobotta. *Atlas de anatomia humana*. Rio de Janeiro: Guanabara Koogan, 2006. v. 1. p. 15.

As células reprodutoras femininas são os **óvulos**, os quais são produzidos pelos ovários. Durante a puberdade começa o amadurecimento dos óvulos.

Em geral, um óvulo é liberado de um dos ovários a cada mês. O óvulo é então lançado na tuba uterina. Esse processo se chama **ovulação**.

O óvulo tem formato arredondado e é maior que um espermatozoide, mas ainda é muito pequeno. Esta foto mostra um óvulo visto ao microscópio. Ela foi ampliada cerca de 440 vezes e colorida artificialmente.

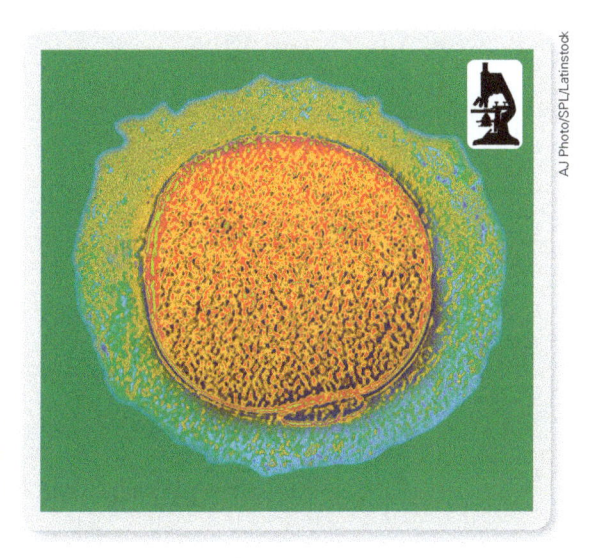

AJ Photo/SPL/Latinstock

▪ Relação sexual e fecundação

Para que haja reprodução, isto é, formação de um novo ser humano, é preciso que um espermatozoide (produzido por um homem) encontre um óvulo (produzido por uma mulher). Esse encontro é chamado **fecundação**.

Em geral, nos seres humanos a fecundação acontece por meio de uma **relação sexual**, quando os espermatozoides do homem são introduzidos na mulher.

Uma vez dentro do corpo feminino, os espermatozoides se movem pelo interior do útero até chegar às tubas uterinas, onde podem encontrar um óvulo.

A fecundação acontece quando um espermatozoide penetra no óvulo. Geralmente, a fecundação ocorre nas tubas uterinas.

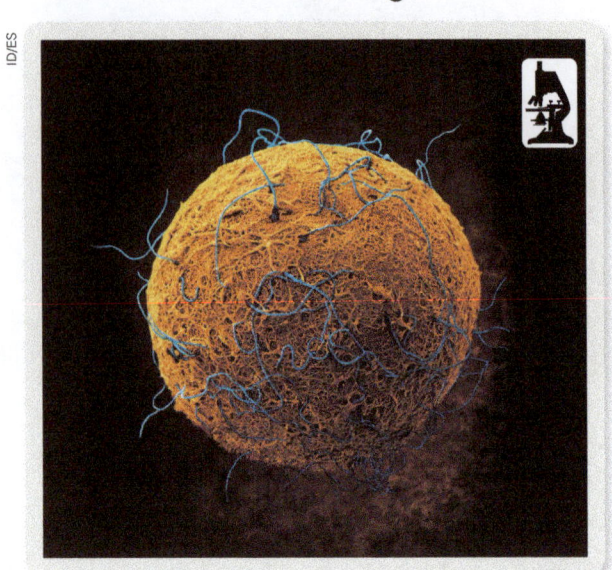

Óvulo, visto ao microscópio, cercado de espermatozoides. O óvulo aparece em amarelo e os espermatozoides estão em azul. Milhões de espermatozoides chegam ao óvulo, mas só um consegue penetrá-lo, fecundando-o. Essa imagem foi ampliada cerca de 490 vezes e colorida artificialmente.

Após a fecundação, o óvulo fecundado chega ao útero, onde se fixa. O desenvolvimento desse óvulo dará origem a um bebê.

Imagens sem proporção de tamanho entre si.

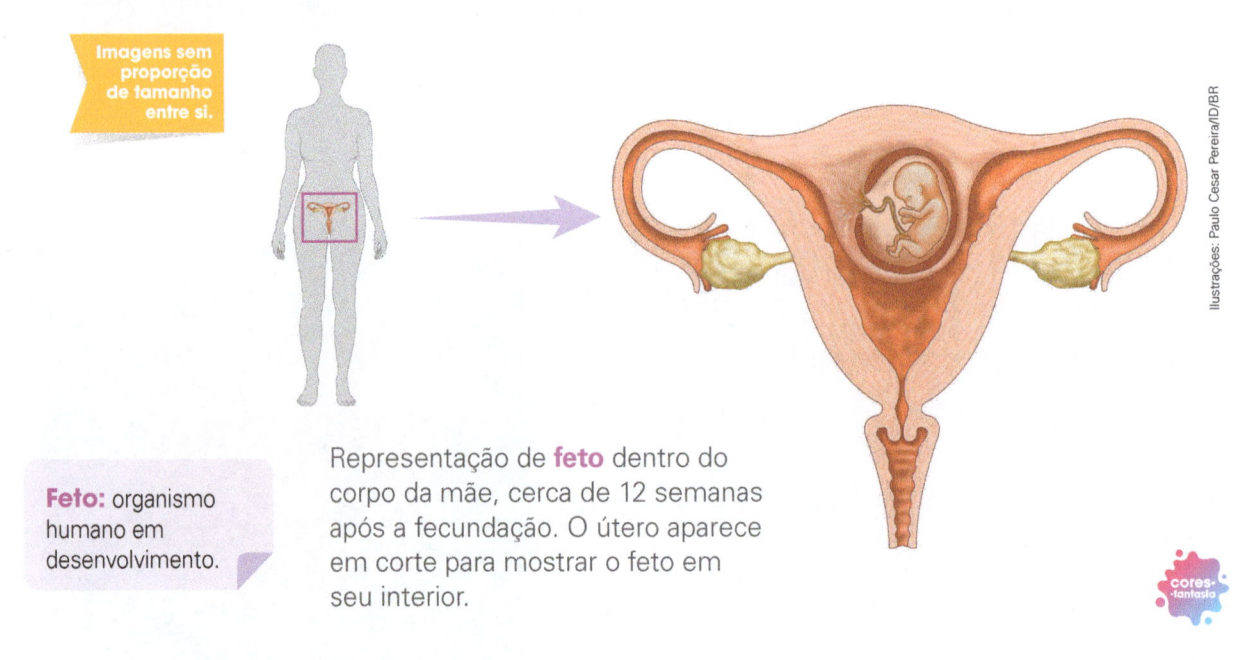

Feto: organismo humano em desenvolvimento.

Representação de **feto** dentro do corpo da mãe, cerca de 12 semanas após a fecundação. O útero aparece em corte para mostrar o feto em seu interior.

Fonte de pesquisa das ilustrações: G. J. Tortora e S. R. Grabowski. *Corpo humano*. Porto Alegre: Artmed, 2006. p. 593 e 602.

+ SAIBA MAIS

O que é menstruação?

Após a puberdade, todos os meses, o revestimento interno do útero se torna mais espesso e rico em vasos sanguíneos. Essas modificações preparam o útero para receber um óvulo fecundado.

Mas, na maioria das vezes, não há fecundação. Então, parte desse revestimento interno do útero se desprende e é eliminado pela vagina como um sangramento. Esse processo de eliminação é chamado de **menstruação** e geralmente dura quatro ou cinco dias.

As mulheres menstruam, em média, uma vez ao mês, mas esse período pode variar.

1 Observe as estruturas apontadas nas figuras abaixo.

a. Escreva o nome de cada uma das estruturas nas linhas ao lado das letras correspondentes.

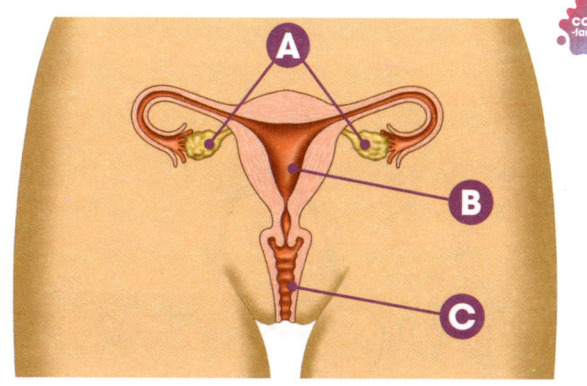

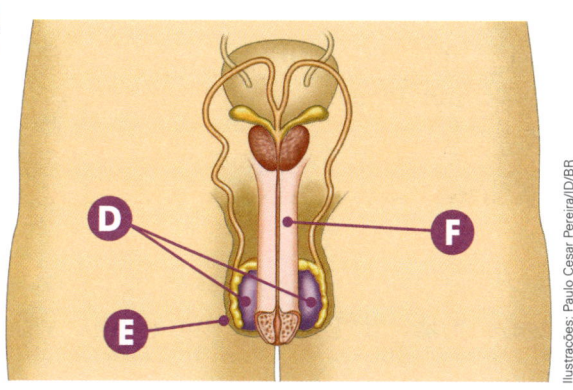

A: _____

B: _____

C: _____

D: _____

E: _____

F: _____

b. Qual dessas estruturas produz as células reprodutoras femininas? E qual delas produz as células reprodutoras masculinas?

_____

_____

_____

A gravidez e o nascimento

A gravidez começa quando o óvulo fecundado se fixa ao útero. Na espécie humana, a gravidez, também chamada de **gestação**, dura cerca de 38 semanas.

Durante esse período, o feto permanece dentro do útero, onde se desenvolve. Uma bolsa cheia de líquido o envolve e protege até o nascimento.

Todas as substâncias de que o feto precisa, como nutrientes e gás oxigênio, vêm do corpo da mãe. Elas passam para o corpo do feto através da **placenta**, um órgão que se desenvolve dentro do útero durante a gravidez. A ligação entre a placenta e o feto é feita pelo **cordão umbilical**.

Também é por meio do cordão umbilical e da placenta que as substâncias produzidas pelo feto e que não podem permanecer em seu corpo passam para o corpo da mãe, de onde são então eliminadas.

Observe as imagens abaixo para conhecer o aspecto de bebês em desenvolvimento dentro do corpo da mãe.

Representação de feto dentro do corpo da mãe por volta do nono mês de gestação. Uma porção do corpo da mãe aparece em corte para mostrar o bebê em seu interior.

Fonte de pesquisa da ilustração: Corpo humano e saúde, *Ciência Hoje na Escola*, v. 3. Rio de Janeiro: SBPC, 2000. p. 20.

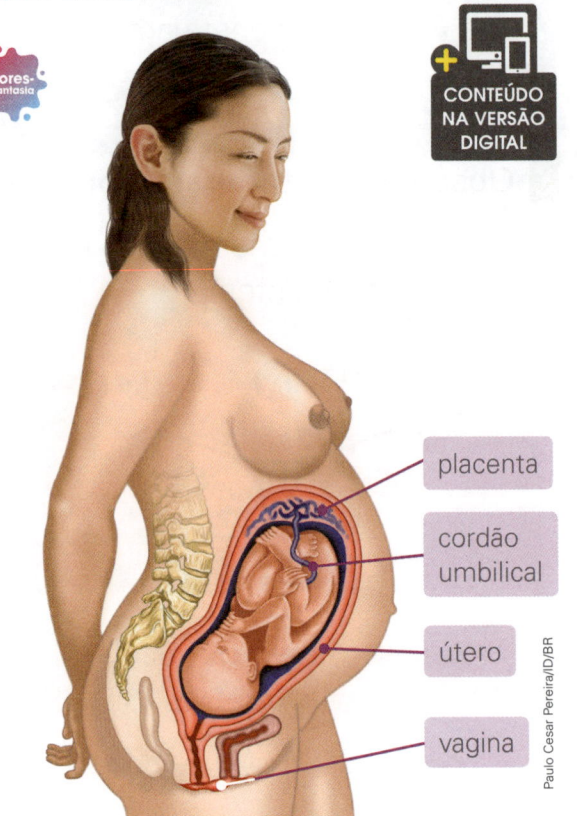

Embrião: organismo humano nas primeiras semanas de desenvolvimento.

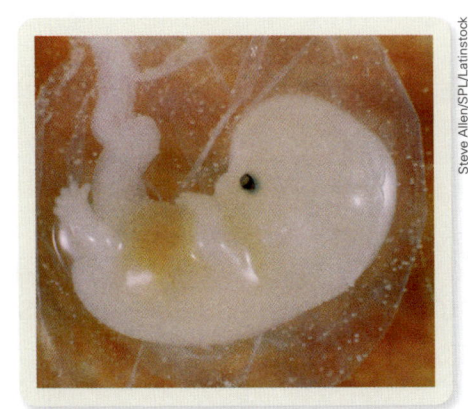

No primeiro mês de gestação, o coração se forma e começa a bater. O **embrião** mede cerca de 6 milímetros.

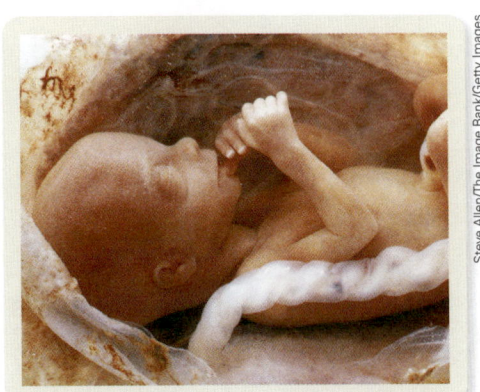

Por volta do terceiro mês de gestação, o feto mede cerca de 8 centímetros. É possível perceber braços, mãos, olhos e boca.

O nascimento

Por volta do nono mês de desenvolvimento, o bebê está pronto para nascer. O rompimento da bolsa de líquido que o envolve é um sinal de que o nascimento está próximo.

O corpo da mãe passa por mudanças durante o parto, que é o processo de nascimento. Normalmente, o útero se contrai várias vezes, durante algumas horas. As contrações empurram o bebê para fora do útero, e ele sai do corpo da mãe pela vagina. Esse tipo de parto é conhecido como **parto normal**.

Os bebês também podem nascer por **cesariana**, cirurgia para retirar o bebê feita por meio de um corte no abdome da mãe. Às vezes, esse tipo de parto é realizado quando a mãe ou o bebê correm algum risco.

Logo que o bebê nasce, o cordão umbilical que o unia à mãe é cortado. A partir desse momento, o bebê passa a se alimentar pela boca e a respirar o gás oxigênio do ar.

O cordão é preso com pinças e é cortado.

Depois de certo tempo, a extremidade que permaneceu no bebê seca e cai.

A cicatriz que fica no local é chamada de umbigo.

Até os 6 meses de vida, o leite materno deve ser a principal fonte de alimentação do bebê. Após esse período, o corpo dele está preparado para receber outros tipos de alimento.

O ideal é que, se possível, a mãe amamente o bebê até os 2 anos de idade, pois o leite materno protege contra doenças e ajuda a combater a mortalidade infantil.

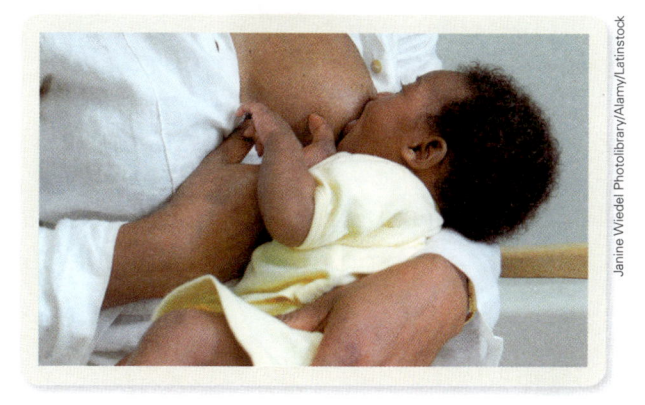

1 Você aprendeu como acontecem o parto normal e a cesariana. Sobre esse tema, converse com os colegas e o professor sobre as questões a seguir.

a. Expliquem as principais diferenças entre parto normal e cesariana.

b. Entrevistem uma mulher que já tenha gerado um filho. Perguntem: O parto foi normal ou cesariana? Como foi a recuperação depois do parto? Como ela se sentiu ao se tornar mãe?

Agora já sei!

1 Marília, de 12 anos, percebeu que sua calcinha estava manchada com um pouco de sangue. Isso nunca havia acontecido e por isso ela ficou assustada.

a. O que você diria para tranquilizar Marília?

_____

_____

b. O que se passou com Marília ainda não aconteceu com Roberta, de 14 anos. Roberta está preocupada e ansiosa. O que você diria para tranquilizá-la?

_____

_____

2 As fotos abaixo mostram bebês recém-nascidos.

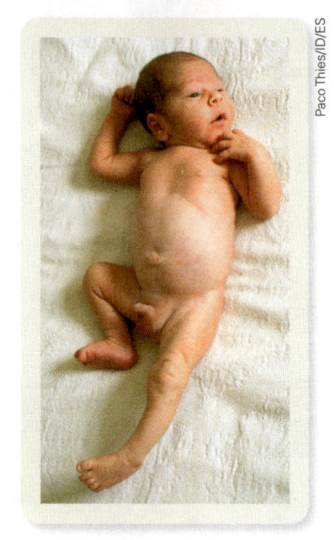

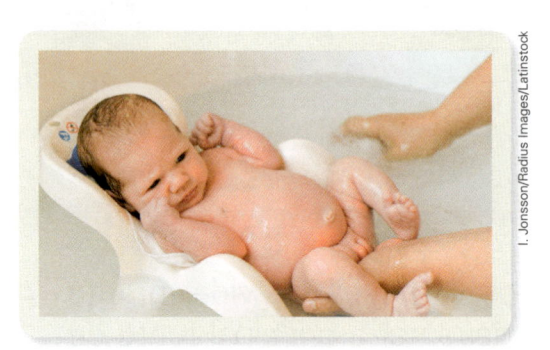

a. Qual característica pode ser usada para identificar se um recém-nascido é menino ou menina? Explique.

_____

_____

_____

b. Em geral, do que os bebês recém-nascidos se alimentam?

_____

c. Enquanto estão no organismo da mãe, como se alimentam e respiram?

_____

3 Leia o texto abaixo e responda às questões a seguir.

> [...] De repente, sem muitas explicações, você começa a assumir novas posturas e responsabilidades, deixando para trás alguns hábitos agora considerados "infantis".
> Seu corpo também muda e parece estar no meio de uma revolução [...]. Os sentimentos também ficam confusos [...]. Acredite ou não, tudo isso está longe de ser motivo para desespero. Nada mais é do que o começo de uma nova fase – a puberdade. É uma fase tumultuada, mas ela tem começo, meio e fim.

Jairo Bouer. *O corpo dos garotos.* São Paulo: Panda Books, 2006. p. 6.

a. Em sua opinião, que hábitos mudam entre a infância e a vida adulta?

b. O texto diz que, durante a puberdade, o corpo parece estar no meio de uma revolução. Escreva uma transformação que ocorre no corpo de meninos e meninas durante esse período da vida.

4 Você já ouviu falar em hebiatria? É a especialidade médica que trata da saúde dos adolescentes e os ajuda nas mudanças pelas quais eles passam. O especialista em hebiatria é o hebiatra.

a. Forme dupla com um colega e conversem: Que temas vocês acham que costumam ser tratados em uma consulta ao hebiatra?

b. Reflita: O que você gostaria de perguntar a um hebiatra?

A palavra **hebiatria** vem do nome da deusa da juventude na mitologia grega: Hebe. Escultura de Jean-Pierre-Victor Huguenin, 1849.

CAPÍTULO 3 — Sistema nervoso

Observe as cenas abaixo.

A — CONHECI SUA AVÓ QUANDO EU TINHA 20 ANOS. AINDA ME LEMBRO COMO SE FOSSE HOJE!

B — DUAS DÚZIAS MAIS MEIA DÚZIA É IGUAL A...

C — O QUE HOUVE? / MEU GATO MORREU. ESTOU TRISTE.

D — NO COMEÇO FOI DIFÍCIL APRENDER. HOJE EU NEM PENSO PARA ANDAR DE BICICLETA.

1 Que situações acima estão relacionadas:

a. aos sentimentos? _____

b. aos movimentos? _____

c. ao raciocínio? _____

d. à memória? _____

2 Que sistema do corpo controla todas essas funções?

_____
_____

Integração dos sistemas do corpo

O corpo humano é formado por diversos órgãos, que estão reunidos em sistemas. Cada sistema desempenha uma ou mais funções. Veja, no quadro abaixo, alguns desses sistemas.

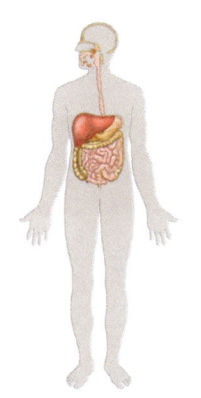

Digestório: é responsável pela digestão dos alimentos que ingerimos e pela absorção dos nutrientes.

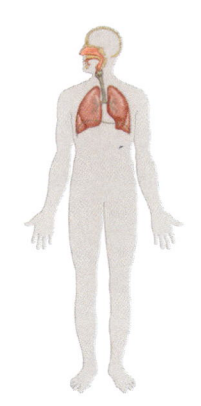

Respiratório: é responsável pela entrada e saída do ar no nosso corpo, pela absorção do gás oxigênio e eliminação do gás carbônico.

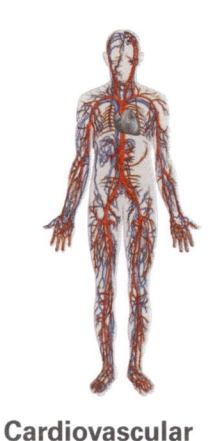

Cardiovascular (circulatório): transporta gás oxigênio e nutrientes para todas as partes do corpo, por meio da circulação do sangue. Recolhe substâncias tóxicas que serão eliminadas do corpo.

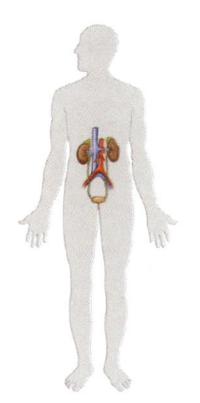

Urinário: retira substâncias tóxicas do sangue e as descarta pela urina.

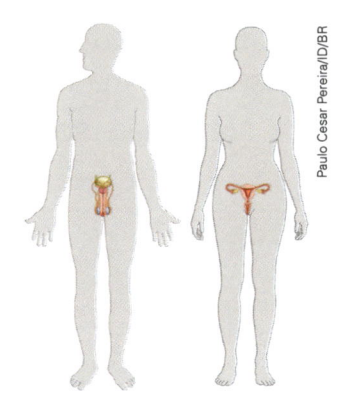

Genital: está relacionado à atividade sexual e à reprodução.

Fonte de pesquisa das ilustrações: *Anatomia humana*. São Paulo: Ática, 2010. p. 25; G. J. Tortora e S. R. Grabowski. *Corpo humano*. Porto Alegre: Artmed, 2006. p. 531; J. Sobotta. *Atlas de anatomia humana*. Rio de Janeiro: Guanabara Koogan, 2008. v. 1. p. 14, 15, 18, 20; v. 2. p. 217.

Todos os sistemas do corpo funcionam de maneira integrada, ou seja, em conjunto. O sistema que recebe informações vindas dos órgãos do corpo e regula o funcionamento deles é chamado **sistema nervoso**.

Dentre as inúmeras ações relacionadas ao sistema nervoso estão a produção da fala, a visão, a percepção de cheiros e sons, os movimentos do corpo, os pensamentos, os sentimentos e as memórias.

+ SAIBA MAIS

As células do sistema nervoso

As células que compõem o sistema nervoso são capazes de receber e enviar informações com muita agilidade.

No cérebro, por exemplo, existem bilhões dessas células.

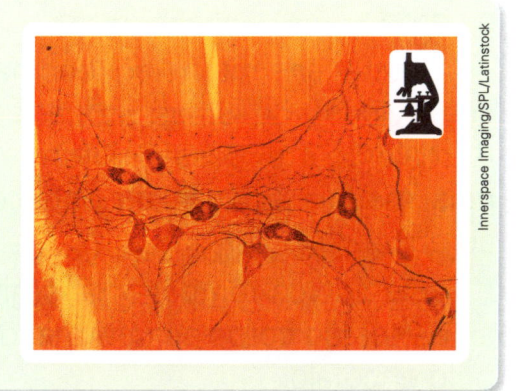

Células nervosas vistas ao microscópio. A imagem foi ampliada cerca de 200 vezes e colorida artificialmente.

Partes do sistema nervoso

O sistema nervoso é formado pelo encéfalo, pela medula espinal e pelos nervos.

O encéfalo

Em um adulto, esse órgão tem pouco menos de um quilograma e meio de massa. É formado por três partes principais: tronco encefálico, cérebro e cerebelo.

Veja mais sobre o encéfalo na figura abaixo.

Imagens sem proporção de tamanho entre si.

Cérebro: compõe a maior parte do encéfalo. Está relacionado ao pensamento, à memória, às emoções, aos sentidos. Também controla diversas ações do corpo.

Cerebelo: está relacionado ao equilíbrio e à postura. Coordena movimentos complexos.

Tronco encefálico: regula as ações involuntárias, como os batimentos cardíacos e os movimentos respiratórios.

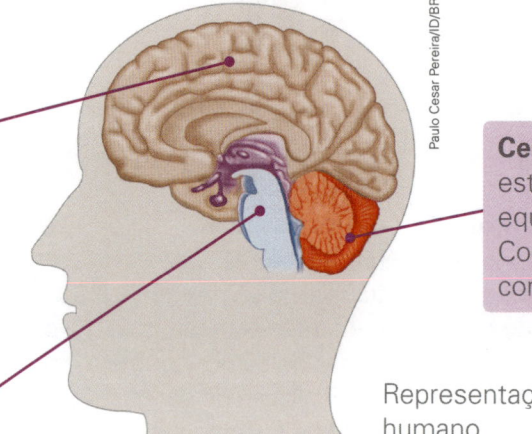

Representação do encéfalo humano.

Fonte de pesquisa da ilustração: J. Sobotta. *Atlas de anatomia humana*. Rio de Janeiro: Guanabara Koogan, 2008. v. 1. p. 284 e 324.

A medula espinal

É a parte do sistema nervoso que liga o encéfalo à maioria dos nervos. Pela medula passa a maior parte das informações do encéfalo para o corpo humano, e vice-versa.

Os nervos

Os nervos são cordões finíssimos de células nervosas que partem do encéfalo ou da medula espinal e se distribuem por todo o corpo.

Eles transmitem ao encéfalo informações vindas de todas as partes do corpo. A maior parte dessas informações passa pela medula espinal, de onde é conduzida ao encéfalo.

Os nervos também transmitem a todas as partes do corpo as informações enviadas pelo encéfalo.

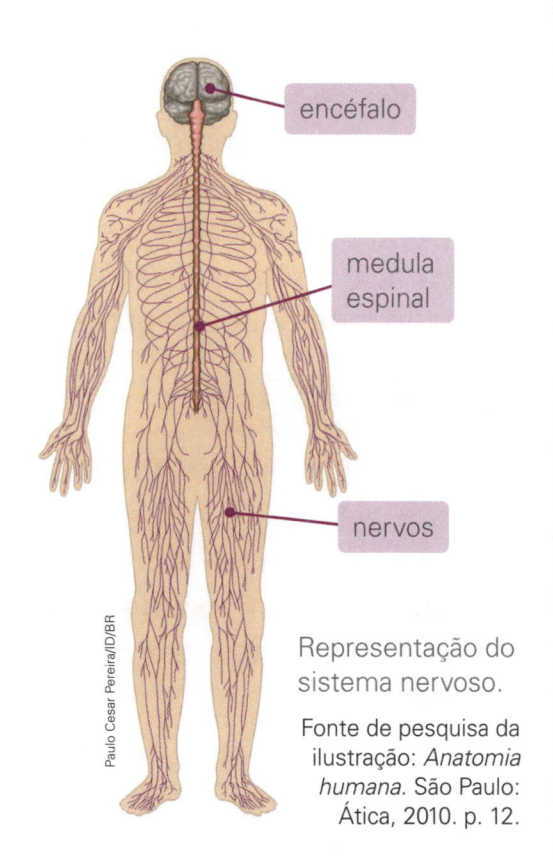

encéfalo

medula espinal

nervos

Representação do sistema nervoso.

Fonte de pesquisa da ilustração: *Anatomia humana*. São Paulo: Ática, 2010. p. 12.

Encéfalo, medula e nervos atuam em conjunto

Imagine uma situação em que alguém, na praia, pisa com um dos pés na areia aquecida pelo sol. As ilustrações a seguir representam como as informações sobre a temperatura da areia são conduzidas através do sistema nervoso.

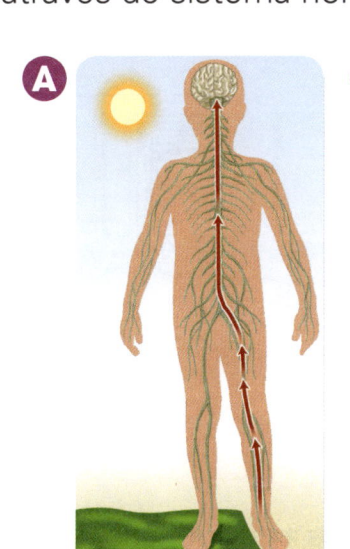

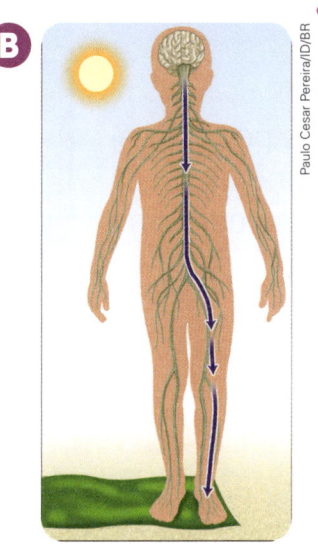

A. Os nervos levam até a medula informações sobre a temperatura da areia. A medula transmite a informação ao encéfalo. O encéfalo recebe a informação e a interpreta: a areia está aquecida. O encéfalo envia uma informação ao corpo.

B. A informação enviada pelo encéfalo passa pela medula e chega aos nervos, que a transmitem aos músculos da perna. Estes se contraem e movem a perna e o pé para cima da toalha.

Fonte de pesquisa das ilustrações: <http://linkte.me/g4aj3>. Acesso em: 23 mar. 2016.

+ SAIBA MAIS

Você é destro ou canhoto?

O cérebro é dividido em duas metades, chamadas **hemisférios**. O hemisfério esquerdo controla o lado direito do corpo e vice-versa.

Em geral, um dos hemisférios é um pouco maior e mais desenvolvido que o outro. Na maior parte das pessoas, o hemisfério dominante é o esquerdo. Isso significa que essas pessoas, chamadas **destras**, têm mais facilidade para escrever e realizar outras tarefas com a mão direita.

Uma parte da população é **canhota**, isto é, tem mais habilidade com a parte esquerda do corpo. Nessas pessoas, em geral, o hemisfério direito do cérebro é o dominante.

1 Um professor de Ciências explicava para a classe que é preciso evitar o uso de bebidas alcoólicas e outras drogas porque são substâncias que alteram o funcionamento do cérebro. Deu como exemplo dessas alterações o comprometimento do raciocínio e da memória.

- Em dupla com um colega, crie um cartaz que alerte os adultos para o perigo de dirigir depois de ingerir bebida alcoólica. Se possível, crie uma imagem para acompanhar o texto do cartaz.

Funcionamento do sistema nervoso

O sistema nervoso funciona o tempo todo. Ao estudar esse funcionamento, podemos identificar três etapas marcantes: o recebimento da informação, a análise da informação e a resposta a ela.

Acompanhe nos quadrinhos a seguir exemplos de cada uma dessas etapas.

Recepção da informação

Ao se aproximar do semáforo de pedestres, os dois colegas enxergam a luz vermelha. Essa informação é transmitida dos olhos ao cérebro.

Análise da informação

O cérebro interpreta a informação: o momento não é adequado para atravessar a rua.

Envio de resposta à informação recebida

O cérebro envia uma resposta aos nervos que comandam os músculos. Os colegas interrompem a caminhada e aguardam.

▄ Reflexos

Os reflexos são ações que executamos rapidamente e de modo involuntário, ou seja, não dependem de nossa vontade.

É o que acontece quando encostamos em uma superfície muito quente, como uma chaleira sobre uma chama. Rapidamente, afastamos a mão da chaleira, antes mesmo de pensar sobre a temperatura dela.

Nesse caso, o ato de retirar a mão do objeto quente não foi comandado pelo encéfalo. Antes que a informação chegasse até ele, a medula espinal já tinha enviado essa resposta.

Por serem respostas rápidas, os reflexos protegem o corpo em situações perigosas.

Nervos ligados à pele levam a informação até a medula espinal, e esta envia rapidamente uma resposta: retirar a mão do objeto quente.

+ SAIBA MAIS

Memória

O cérebro tem a capacidade de recuperar informações já aprendidas e armazenadas anteriormente. A memória nos permite, por exemplo, reconhecer a fisionomia de alguém ou evitar situações que já sabemos ser perigosas.

Imagens, sons e cheiros podem ativar lembranças guardadas na memória.

MINHA AVÓ TEM UM COLAR IGUAL. QUE SAUDADE SENTI DELA AGORA!

1 Leia o texto e veja as figuras.

Quando recebe os sinais que vêm dos olhos, o cérebro os analisa e os interpreta conforme nossos hábitos ou aquilo que conhecemos. Às vezes, no entanto, nosso cérebro pode se confundir diante de uma figura ou informação visual inédita. Nestes casos, quando informações visuais novas, estranhas ao nosso cérebro, são experimentadas e interpretadas de forma não usual, podemos ter uma **ilusão de ótica**. Veja as imagens a seguir.

O que você vê: um coelho ou um pato?

Quadro *Paranoiac Visage*, de Salvador Dalí, feito em 1935.

Texto para fins didáticos

■ Recorte e monte o animal da página 183. Coloque-o sobre uma superfície plana e alta, no mesmo nível de seus olhos. Fique em frente ao objeto, olhe nos olhos do animal e afaste-se alguns metros. Cubra um de seus olhos com uma das mãos e ande alguns passos para a esquerda, depois volte para a direita, sempre observando a imagem. O que você percebeu? Por que você acha que isso acontece?

165

Proteção para o sistema nervoso

Você já sabe que o sistema nervoso é muito importante para o corpo. Uma lesão no encéfalo ou na medula espinal pode trazer sérias consequências, como a perda de movimentos em partes do corpo.

O encéfalo e a medula espinal estão protegidos por ossos do esqueleto. O encéfalo fica dentro do crânio, enquanto a medula espinal é protegida pelas vértebras da coluna vertebral. Além disso, o encéfalo e a medula são recobertos por membranas que também ajudam a protegê-los.

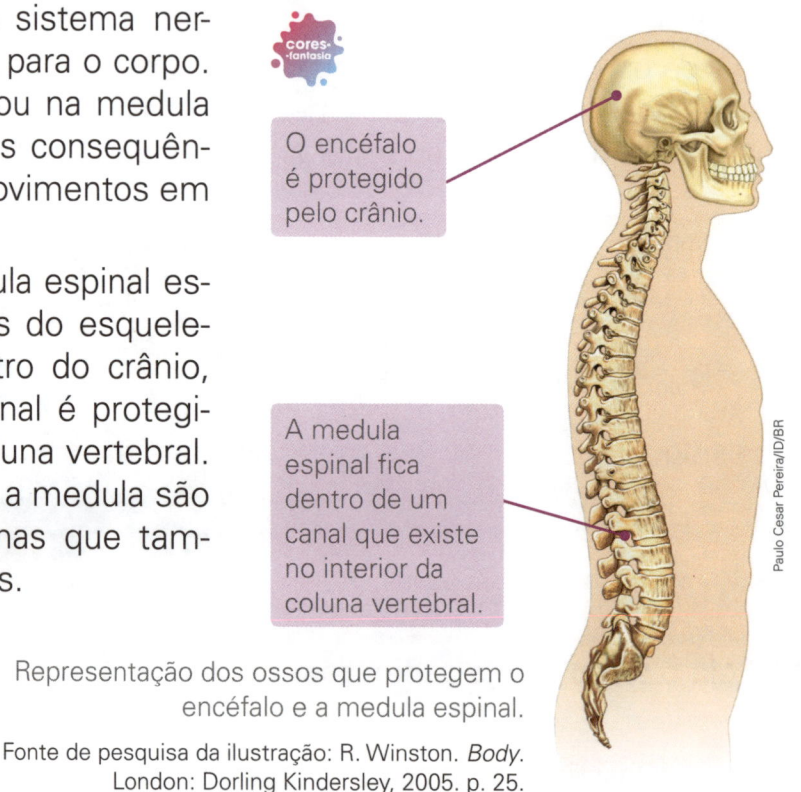

O encéfalo é protegido pelo crânio.

A medula espinal fica dentro de um canal que existe no interior da coluna vertebral.

Representação dos ossos que protegem o encéfalo e a medula espinal.

Fonte de pesquisa da ilustração: R. Winston. *Body*. London: Dorling Kindersley, 2005. p. 25.

■ Cuidados com o encéfalo e a medula espinal

É muito importante proteger o encéfalo e a medula espinal contra quedas e pancadas.

Nunca pule em rios, represas ou piscinas cujas profundidades você não conheça. Você pode bater a cabeça no fundo ou em alguma pedra.

Motociclistas devem sempre usar capacete, assim como o passageiro que está na garupa da moto. O capacete amortece o choque, protegendo a cabeça em caso de acidente.

Nunca mergulhe em locais desconhecidos e sem adultos por perto. Parque Nacional da Chapada dos Veadeiros, GO.

Motociclistas sempre devem usar capacete. São Paulo, SP.

■ Quando as informações não chegam

Muitas vezes, quando a medula espinal ou os nervos são lesionados, a comunicação entre certas partes do corpo e o encéfalo pode ser interrompida. Quando isso acontece, o encéfalo não envia informações para essas partes nem recebe informações vindas delas. Por exemplo, uma lesão no nervo que envia informações dos olhos para o cérebro pode provocar cegueira.

⊕ SAIBA MAIS

Anestesia

A sensação de dor também é percebida pelo cérebro. Nervos de todas as partes do corpo enviam informações para o cérebro, que as interpreta como sinais dolorosos.

Os nervos percebem sinais dolorosos que vêm de fora do corpo...

... ou de dentro dele, como no caso de uma dor de estômago.

As anestesias impedem, temporariamente, que as sensações percebidas pelos nervos cheguem até o cérebro. Assim, não sentimos dor enquanto estamos anestesiados.

1 Existem leis que obrigam motociclistas a usar capacete.

a. Você concorda com leis como essas? Por quê?

_____
_____
_____

b. Você já usou capacete durante a prática de algum esporte? Em qual?

_____
_____

Agora já sei!

1 A figura ao lado, feita por um aluno, representa algumas partes de um sistema do corpo humano.

a. Que sistema é esse?

_____

b. Como esse sistema se relaciona aos outros sistemas do corpo humano?

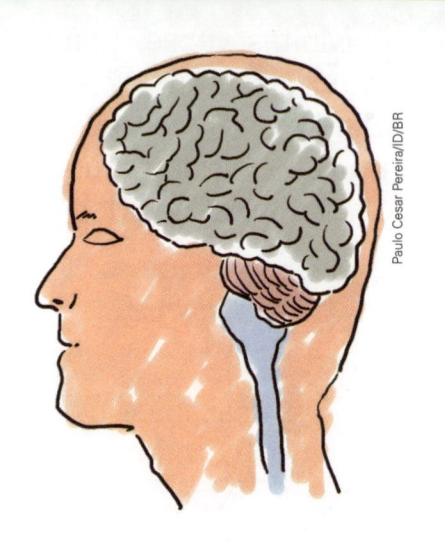

_____
_____
_____

2 Observe as cenas abaixo.

A

B

HUMM, FIQUEI COM ÁGUA NA BOCA!

a. Descreva o que cada cena mostra.

_____
_____

b. Qual órgão dos sentidos percebe o aroma da comida?

_____

c. Que informações do ambiente a menina recebe em cada situação? Explique.

_____
_____
_____
_____

3 Leia o texto abaixo e responda às questões.

Para que serve a dor? [...]
[...] a dor é um sinal de alerta para um perigo [...]. A principal função da dor seria a proteção do organismo. Mostrar os limites que não podem ser transgredidos. O exemplo mais clássico citado é o da mão que encosta na chapa quente e, rapidamente, é retirada [...].
[...]
Parte dos estudos sobre a [...] dor partem de pesquisas com pessoas que têm uma síndrome chamada de analgesia congênita. Com insensibilidade à dor, parcial ou total, essas pessoas não têm o sistema de alerta da dor. [...]. Elas [...] correm o risco de se lesionar o tempo todo. [...]

Susana Dias. A versão biológica da dor. *ComCiência*, 10 maio 2007. Disponível em: <http://linkte.me/kq4xs>. Acesso em: 23 mar. 2016.

a. Explique por que a dor, apesar de ser uma sensação desagradável, colabora para a defesa do organismo.

_____

_____

b. Se você estiver caminhando descalço e pisar em uma pedra pontiaguda, que tipo de reação você acha que terá? Você vai agir imediatamente ou vai parar para pensar no que fazer?

_____

_____

_____

http://linkte.me/g509b
Que tal testar sua memória enquanto aprende? Acesse o *link* e se divirta com o Jogo da Memória, do Instituto Brasileiro de Geografia e Estatística (IBGE), sobre animais ameaçados de extinção. Acesso em: 8 jun. 2016.

Vamos fazer!

Um dedo imobilizado

Talvez você não perceba, mas os pequenos ossos e músculos de sua mão permitem que você realize muitos movimentos cotidianos.

Do que vocês vão precisar

- sua mão
- dois palitos de sorvete (você pode usar dois lápis)
- fita adesiva
- um lápis ou uma caneta
- folha de rascunho

Como fazer

1. Junte-se a um colega. Com a ajuda dele, imobilize o dedo indicador da mão com que você escreve. Para isso, coloque um palito de sorvete embaixo de seu dedo e outro em cima.
2. Peça ao colega que enrole a fita adesiva ao redor dos palitos.

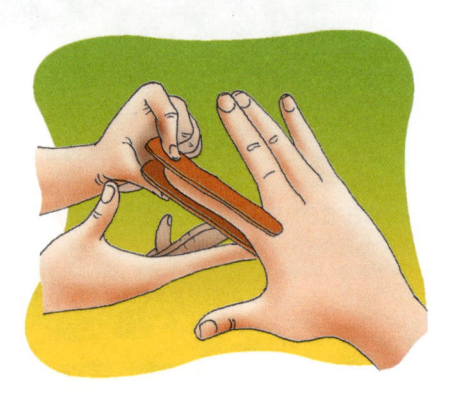

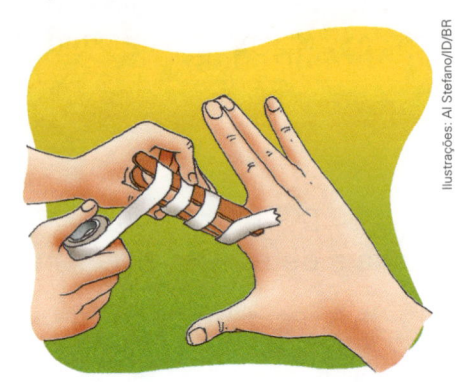

Ilustrações: Al Stefano/ID/BR

3. Tente realizar algumas atividades que você costuma fazer em seu dia a dia, como escrever um texto, desenhar, usar uma chave para abrir uma fechadura ou recortar um pedaço de papel.
4. Peça ao colega que o ajude a retirar a fita adesiva.
5. Agora invertam os papéis para que o colega experimente como é ficar com o dedo imobilizado.

Vamos fazer o registro

1 Vocês conseguiram realizar as atividades com o dedo imobilizado? Escreva no caderno as dificuldades que encontraram?

2 Observe a fotografia ao lado.
- Em que posição os dedos ficam enquanto escrevemos? E enquanto seguramos uma tesoura ou um talher?

Menina Yawalapiti na escola, em Gaúcha do Norte, MG. Foto de 2013.

Renato Soares/Pulsar Imagens

3 Assinale a frase abaixo que explica por que é difícil escrever com um dedo imobilizado.

> Quando imobilizamos o dedo, o cérebro perde a comunicação com os nervos que controlam o movimento desse membro.

> Não conseguimos segurar o lápis porque os ossos são rígidos e não podem ser curvados.

> Quando imobilizamos o dedo, essa parte do corpo não pode se dobrar nas articulações.

> Não conseguimos mover o dedo imobilizado porque a tala funciona como uma anestesia.

4 As figuras abaixo mostram pessoas com diferentes partes do corpo imobilizadas.

A B C
D E F

- Que tipos de movimentos elas têm dificuldade para realizar?

5 Observe a figura abaixo. O que você responderia a esse estudante?

> NÃO ENTENDO POR QUE A PROFESSORA DIZ QUE O SISTEMA NERVOSO CONTROLA OS MOVIMENTOS DO CORPO. NÃO SÃO OS OSSOS E OS MÚSCULOS QUE MOVEM MEU CORPO?

O que aprendi?

1 Observe a foto ao lado.

a. Quando você coloca um fone de ouvido sem saber que o volume da música está muito alto, qual é sua reação?

_____

b. Escreva o caminho da resposta do encéfalo até que aconteça a reação da moça da foto.

_____

_____

2 Leia o texto abaixo.

> A boa postura é a melhor forma de manter o equilíbrio do corpo e permitir que todos os órgãos funcionem com o menor esforço muscular possível. Veja algumas dicas:
> - Mochilas devem ser presas às costas e não penduradas em um só ombro. As compras devem ser divididas entre as duas mãos. Malas e outros objetos pesados devem ser levados em um carrinho, que deve ser empurrado e não puxado;
> - Ao caminhar olhe para a frente, mantendo o abdômen contraído. O sapato ideal deve ser fechado atrás para dar estabilidade às passadas, ter o salto de base larga e leve com altura de, no máximo, 4 centímetros, de preferência com amortecimento. Para caminhadas, utilize um tênis adequado;
> [...]
> - Não assista [à] TV na cama, mas sentado. Não deite de lado, com a cabeça apoiada no braço do sofá. Não sente no chão [...];

Cuidados com a postura. Disponível em: <http://linkte.me/ks8r9>. Acesso em: 20 jun. 2016.

a. Você tem algum hábito citado no texto? Qual?

b. Forme um grupo com mais dois colegas. Vocês se consideram atentos aos cuidados necessários para preservar a saúde da coluna vertebral? Troquem ideias e reflitam sobre esse tema.

3 Observe a figura ao lado.

a. Observe os equipamentos de proteção que o menino de *skate* usa. Que partes do corpo esses equipamentos protegem? Por que é importante proteger essas partes do corpo?

_____

_____

_____

b. Ao praticar esportes ou atividades físicas, de que maneira você se previne de acidentes e tombos?

_____

_____

4 Você estudou as diferenças entre o corpo dos homens e o das mulheres. Será que existem também diferenças de hábitos entre eles? Será que homens e mulheres realizam as mesmas tarefas? Dê sua opinião e conheça as ideias dos colegas.

5 É possível observar o crescimento da barriga de uma mulher ao longo da gestação.

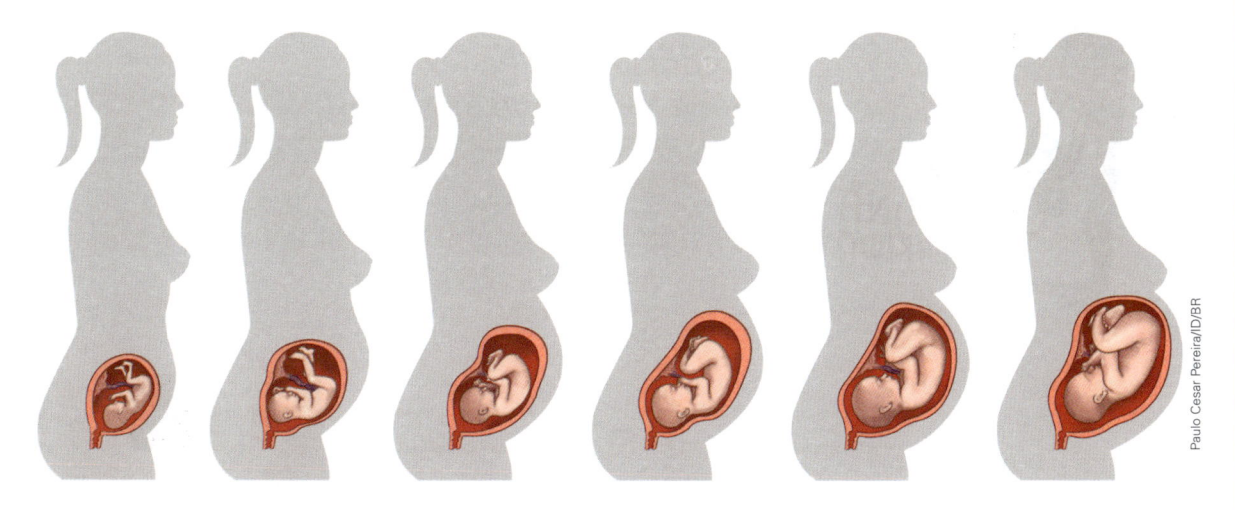

a. O que acontece com o feto dentro da barriga da mãe?

_____

b. Como o feto obtém energia?

_____

Sugestões de leitura

Unidade 1

Por dentro da Mata Atlântica, de Nilson Moulin. Editora Studio Nobel.

Pelas trilhas da Mata Atlântica, você conhecerá curiosidades sobre a onça-pintada, o bicho-folha, a capivara e muitos outros animais que fazem parte desse rico e variado bioma.

Diário de um papagaio: uma aventura na Mata Atlântica, de Lalau e Laurabeatriz. Editora Cosac Naify.

Viaje com um papagaio-de-cara-roxa pela Mata Atlântica, conhecendo muitos animais e plantas desse bioma, além de algumas ameaças.

Unidade 2

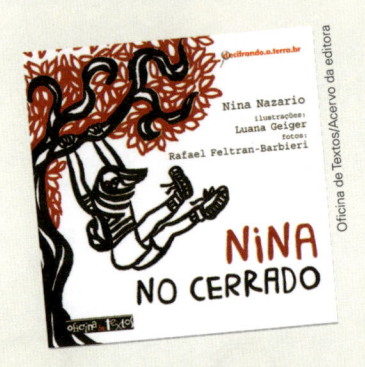

Nina no Cerrado, de Nina Nazario. Editora Oficina de Textos (Série decifrando.a.terra.br).

Viaje com Nina pelo Cerrado e conheça, por meio de versos de cordel, como a vida se transforma nesse ambiente sujeito a épocas de chuva, de seca e até a incêndios.

A Caatinga, de Rubens Matuck. Editora Biruta.

Conheça a paisagem da Caatinga, o que os animais fazem para sobreviver ao calor e à seca e os festejos dos vaqueiros sertanejos.

Unidade 3

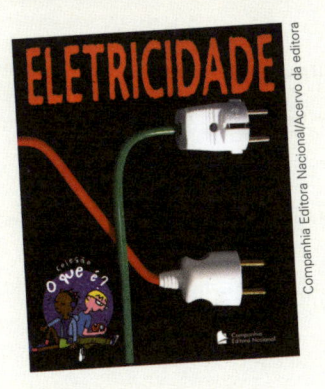

Eletricidade, de Philippe Nessmann. Companhia Editora Nacional (Coleção O que é?).

De onde vem a luz das lâmpadas? Como funciona uma pilha? Com experimentos divertidos, você descobrirá o que é eletricidade, sua importância e seus diversos usos.

O planetário, de Fernando Carraro. Editora FTD.

A personagem Gabriela, uma jovem astrofísica, narra suas lembranças e convida os leitores a embarcar em uma viagem pelo Sistema Solar.

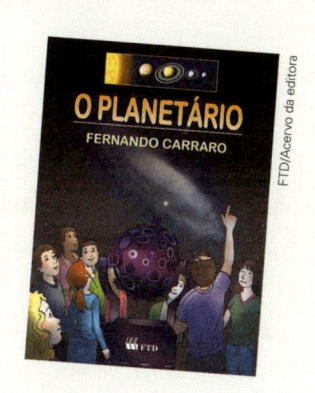

Unidade 4

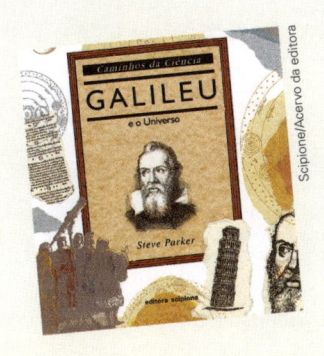

Galileu e o Universo, de Steve Parker. Editora Scipione (Coleção Caminhos da Ciência).

A vida e a obra de Galileu Galilei contadas de maneira fácil e atraente. O livro revela as principais descobertas desse grande cientista.

A vovó virou bebê, de Renata Paiva. Editora Panda Books.

A família da menina Sofia descobre que a vovó tem Alzheimer, uma doença que afeta o sistema nervoso, e precisa ser tratada com paciência, amor e carinho.

Bibliografia

BARNES, R. D.; RUPPERT, E. E.; FOX, R. S. *Zoologia dos invertebrados*. 7. ed. São Paulo: Roca, 2005.

BRASIL. Ministério da Educação. Conselho Nacional de Educação. *Diretrizes curriculares nacionais para o Ensino Fundamental de 9 (nove) anos. Parecer CNE/CEB n. 11/2010*. Brasília: CNE/CEB/MEC (versão aprovada em 7 jul. 2010).

_____. Ministério da Educação. Secretaria de Educação Fundamental. *Parâmetros curriculares nacionais*: ciências naturais. 2. ed. Rio de Janeiro: DP&A, 2000.

_____. Ministério da Educação. Secretaria de Educação Fundamental. *Parâmetros curriculares nacionais*: meio ambiente e saúde. 2. ed. Rio de Janeiro: DP&A, 2000.

_____. Ministério da Educação. Secretaria de Educação Fundamental. *Parâmetros curriculares nacionais*: pluralidade cultural. 2. ed. Rio de Janeiro: DP&A, 2000.

_____. Ministério do Planejamento, Orçamento e Gestão. Instituto Brasileiro de Geografia e Estatística (IBGE). *Atlas de saneamento*. Rio de Janeiro: IBGE, 2011.

CAMPOS, M. C. C.; NIGRO, R. G. *Teoria e prática em Ciências na escola*: o ensino-aprendizagem como investigação. São Paulo: FTD, 2009.

CARVALHO, A. M. P. de. *Ciências no Ensino Fundamental*: o conhecimento físico. São Paulo: Scipione, 2009.

CARVALHO, I. S. *Paleontologia*. 3. ed. Rio de Janeiro: Interciência, 2010.

DELIZOICOV, D.; ANGOTTI, J. A.; PERNAMBUCO, M. M. *Ensino de Ciências*: fundamentos e métodos. 3. ed. São Paulo: Cortez, 2009.

FARIA, R. P. *Fundamentos da astronomia*. 10. ed. Campinas: Papirus, 2009.

FUNDAÇÃO NICOLAS HULOT. *Ecoguia*: guia ecológico de A a Z. São Paulo: Landy, 2008.

GASPAR, A. *Experiências de Ciências para o Ensino Fundamental*. São Paulo: Ática, 2005.

GOMES, M. V. *Educação em rede*: uma visão emancipadora. São Paulo: Cortez/Instituto Paulo Freire, 2004.

HEWITT, P. G. *Física conceitual*. 11. ed. São Paulo: Bookman, 2011.

JOLY, A. B. *Botânica*: introdução à taxonomia vegetal. São Paulo: Companhia Editora Nacional, 1993.

LORENZI, H. *Árvores brasileiras*. Nova Odessa: Instituto Plantarum, 2009.

_____; SOUZA, H. M. *Plantas ornamentais no Brasil*. Nova Odessa: Instituto Plantarum, 2008.

NEVES, D. P. et al. *Parasitologia humana*. 12. ed. Rio de Janeiro: Atheneu, 2011.

NICOLINI, J. *Manual do astrônomo amador*. 4. ed. Campinas: Papirus, 2004.

ODUM, E. P. *Ecologia*. Rio de Janeiro: Guanabara Koogan, 2009.

_____; BARRETT, G. W. *Fundamentos de ecologia*. São Paulo: Cengage Learning, 2007.

PERRENOUD, P. *As competências para ensinar no século XXI*. Porto Alegre: Artmed, 2007.

PRESS, F. et al. *Para entender a Terra*. 4. ed. São Paulo: Bookman, 2006.

RAVEN, P. H.; EVERT, R. F.; EICHHORN, S. E. *Biologia vegetal*. 7. ed. Rio de Janeiro: Guanabara Koogan, 2007.

REES, M. (Org.). *Universe*. London: Dorling Kindersley, 2012.

RIBEIRO-COSTA, C. S.; ROCHA, R. M. (Org.). *Invertebrados*: manual de aulas práticas. 2. ed. Ribeirão Preto: Holos, 2006.

RICKLEFS, R. E. *A economia da natureza*. 6. ed. Rio de Janeiro: Guanabara Koogan, 2010.

SCHMIDT-NIELSEN, K. *Fisiologia animal*: adaptação e meio ambiente. 5. ed. São Paulo: Santos, 2002.

SICK, H. *Ornitologia brasileira*. Rio de Janeiro: Nova Fronteira, 2001.

SOBOTTA, J. *Atlas de anatomia humana*. 22. ed. Rio de Janeiro: Guanabara Koogan, 2006. v. 1 e 2.

SOCIEDADE BRASILEIRA DE ANATOMIA. *Terminologia anatômica*. Barueri: Manole, 2001.

TEIXEIRA, W. (Org.). *Decifrando a Terra*. 2. ed. São Paulo: Ibep/Nacional, 2008.

TORTORA, G. J.; GRABOWSKI, S. R. *Corpo humano*: fundamentos de anatomia e fisiologia. 8. ed. Porto Alegre: Artmed, 2012.

VANCLEAVE, J. P. *Astronomy for every kid*. New York: John Wiley & Sons, 1991.

WINSTON, R. *Body*: an amazing tour of human anatomy. London: Dorling Kindersley, 2005.

ZABALA, A. *A prática educativa*. Porto Alegre: Artmed, 1998.

Recortar

Página 49 › **Atividade 3: Jogo Que bicho é? Que planta é?**

Que bicho é? Que planta é?
- Assim como a orquídea, é uma planta epífita, isto é, vive sobre as árvores, mas sem prejudicá-las.
- É comum na floresta Amazônica e na Mata Atlântica.

Que bicho é? Que planta é?
- Vive no Cerrado, nos Campos e até nas cidades.
- É uma ave de visão aguçada e olhos frontais.
- Coloca de 3 a 4 ovos em túneis cavados por ela no solo ou em buracos abandonados de tatu.

Que bicho é? Que planta é?
- É um dos cactos mais comuns da Caatinga.
- Seu caule, cheio de espinhos, pode guardar água, ajudando-o a enfrentar a seca típica dessa região.

Que bicho é? Que planta é?
- Pode ser encontrada nas florestas de araucária.
- Tem aproximadamente 40 cm de comprimento e coloração azul.
- Principal animal responsável pela dispersão de sementes de araucária.

Que bicho é? Que planta é?
- É uma árvore típica do Cerrado.
- Suas flores são amarelas e ganham destaque, pois a árvore perde as folhas na época da floração.
- É considerada a árvore símbolo do Brasil.

Que bicho é? Que planta é?
- Árvore muito alta, encontrada na floresta Amazônica.
- Do seu caule se extrai o látex, usado na fabricação da borracha.

Que bicho é? Que planta é?
- É uma planta aquática que cresce nas margens dos rios do Pantanal.
- Suas folhas são verde-escuras e têm um desenho muito característico.

Que bicho é? Que planta é?
- Vive na Caatinga.
- Mede cerca de 1,5 m de comprimento.
- Tem um "chocalho" na cauda.
- Apresenta hábito noturno e alimenta-se principalmente de roedores.

Que bicho é? Que planta é?
- É o maior felino das Américas.
- Sobe em árvores e pedras, e nada muito bem.
- Vive nas florestas tropicais e no Pantanal e é muito caçado para a comercialização de sua pele.

Que bicho é? Que planta é?
- Vive nos rios da floresta Amazônica, mas não é peixe.
- É um mamífero que passa a maior parte do tempo vasculhando o leito dos rios com o focinho, em busca de alimento.
- Existem muitas lendas e histórias sobre ele.
- É caçado porque seu olho é usado como amuleto de sorte.

- Bromélia
- Coruja-buraqueira
- Mandacaru
- Gralha-azul
- Ipê-amarelo
- Seringueira
- Chapéu-de-couro
- Cascavel da Caatinga
- Onça-pintada
- Boto-cor-de-rosa

Recortar

Página 88 › **Vamos fazer!: Teatro de sombras**

179

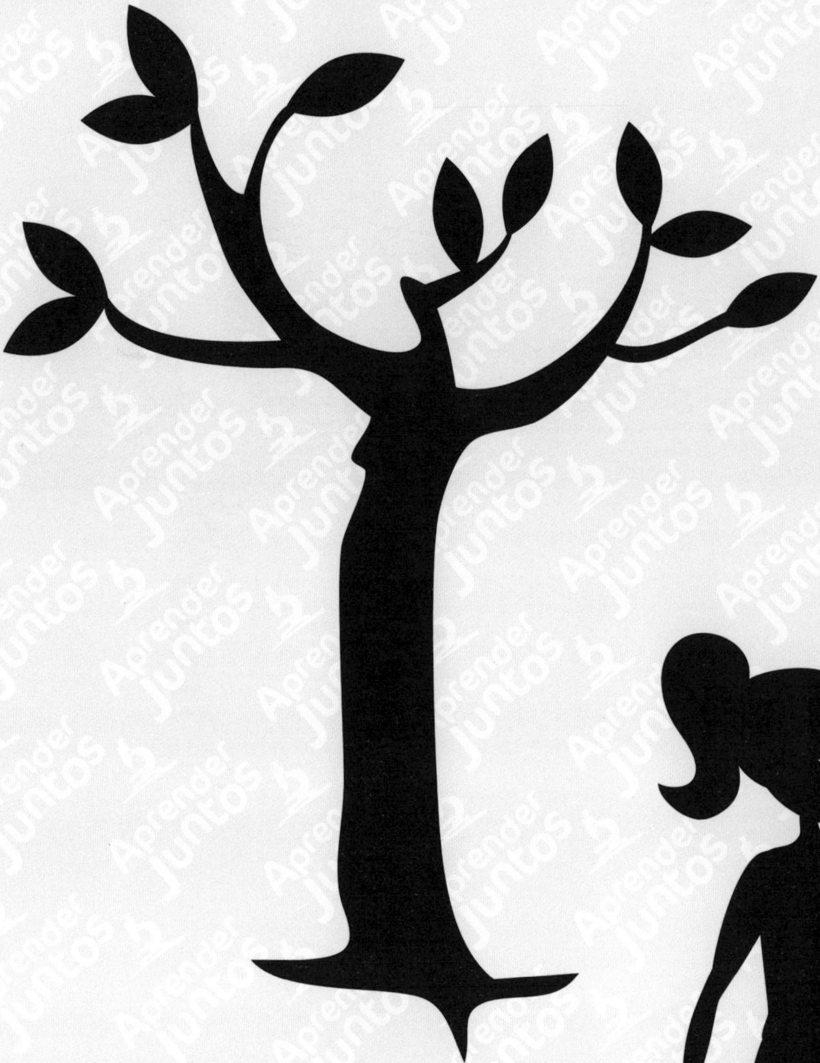
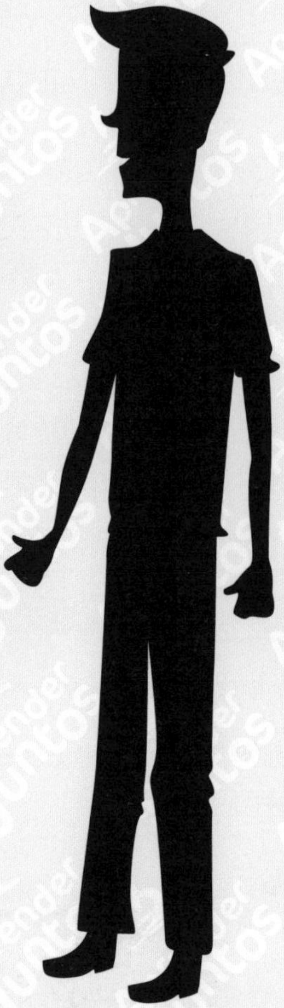
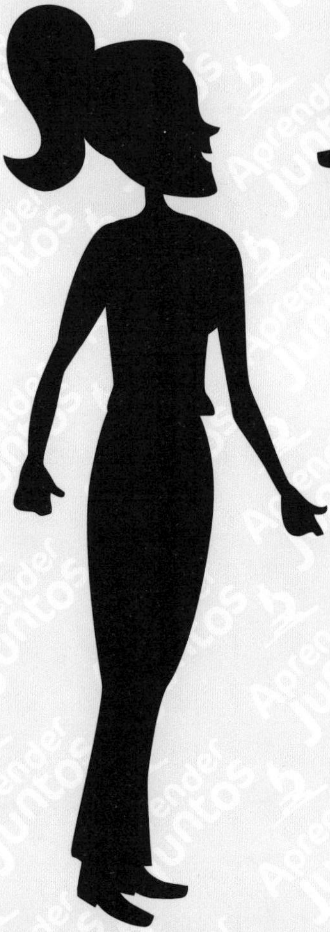

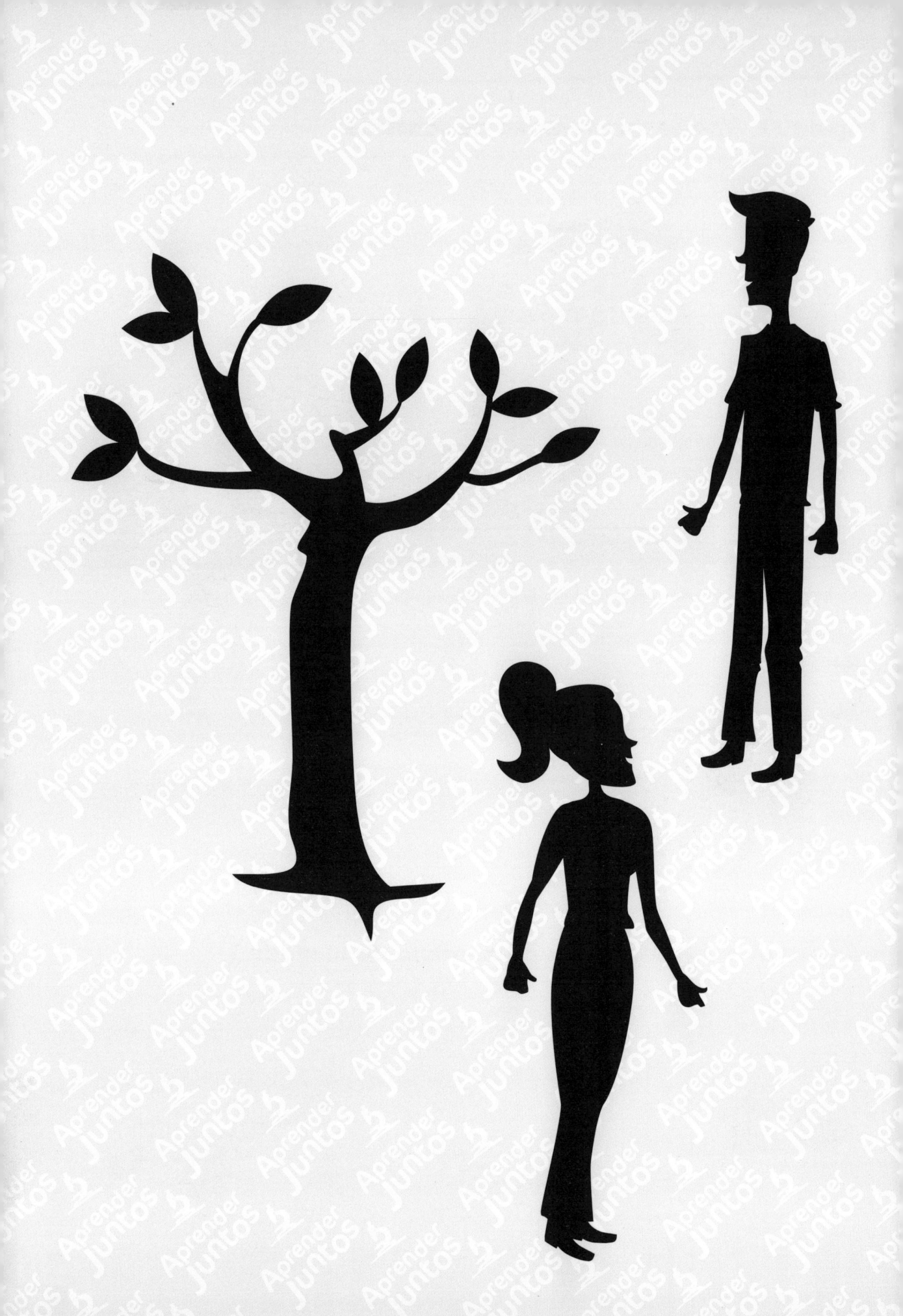

Recortar

Página 88 › **Vamos fazer!: Teatro de sombras**

Páginas 92 e 93 › **Atividade de abertura da unidade 3**

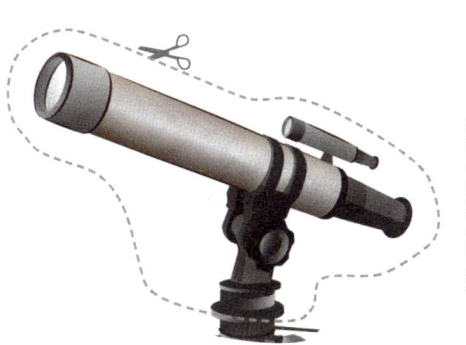

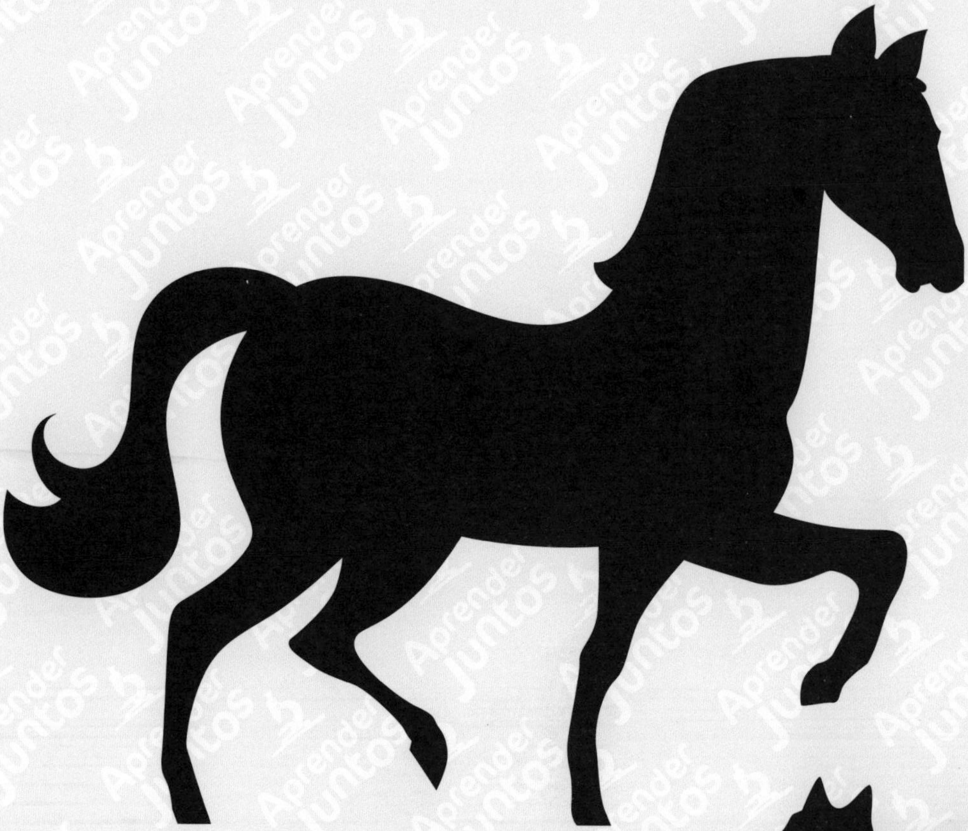
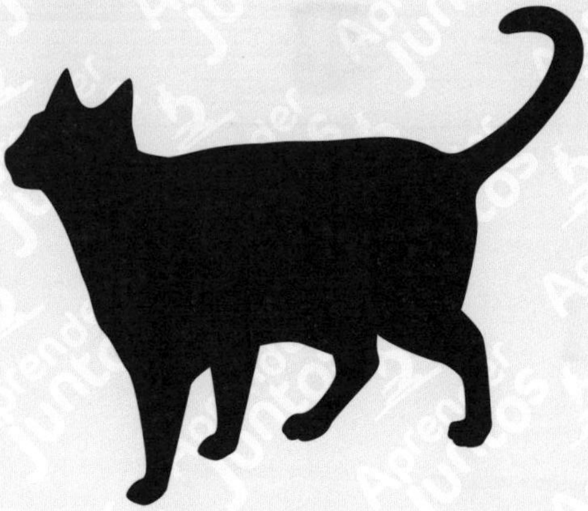

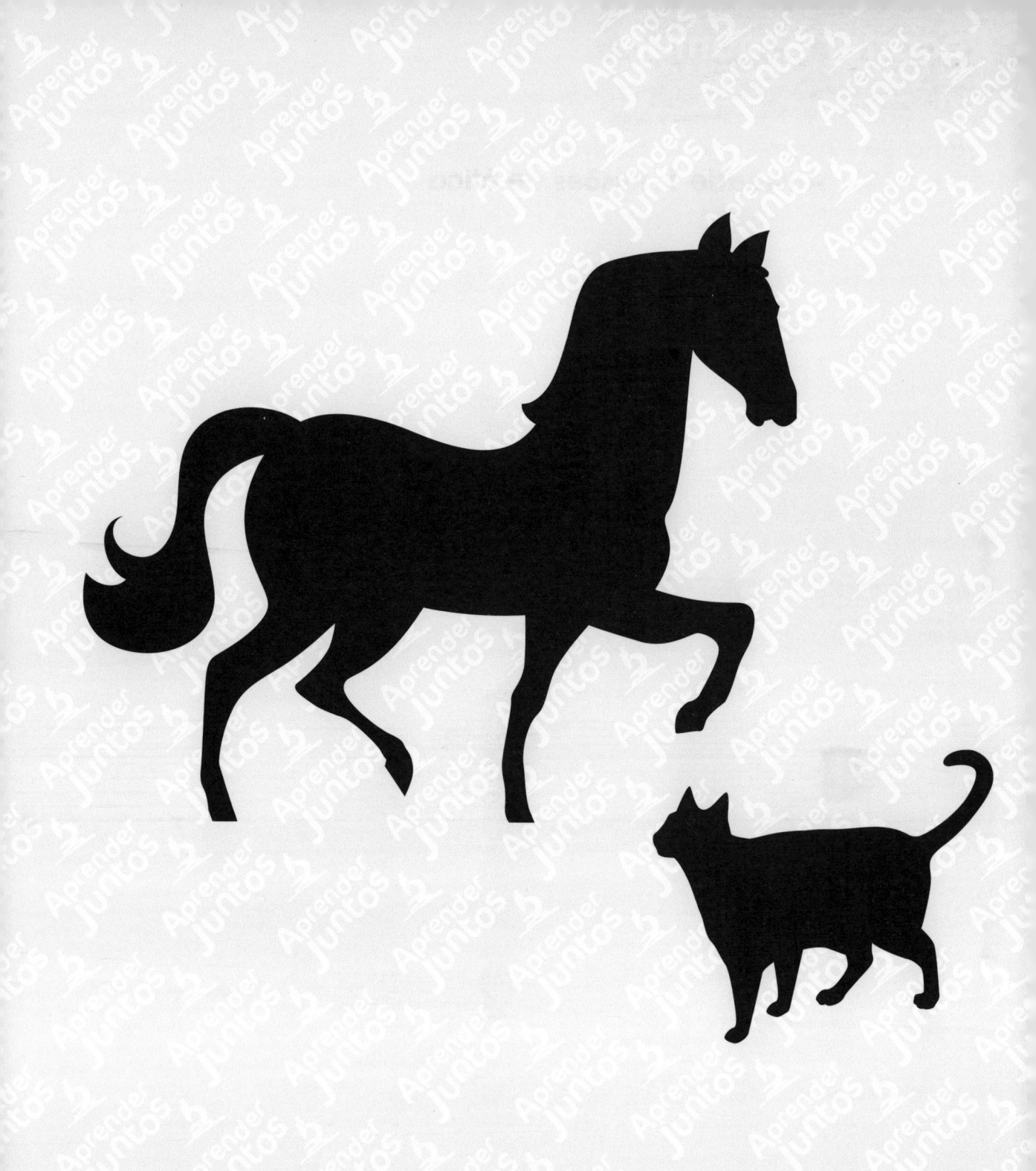

Recortar e montar

Página 165 › **Atividade 1: Ilusões de ótica**

Monte conforme indicado